县域公益组织培育的行动研究

——以福建省同心慈善基金会“善才种子”项目为例

温谋富　潘瑜　吴凤霞／著

中国社会出版社
国家一级出版社 · 全国百佳图书出版单位

图书在版编目（CIP）数据

县域公益组织培育的行动研究：以福建省同心慈善基金会“善才种子”项目为例 / 温谋富，潘瑜，吴凤霞著 . -- 北京：中国社会出版社，2023.12

ISBN 978-7-5087-6923-3

Ⅰ . ①县 … Ⅱ . ①温 … ②潘 … ③吴 … Ⅲ . ①县—慈善事业—组织机构—研究—中国 Ⅳ . ① D632.1

中国国家版本馆 CIP 数据核字 (2023) 第 214545 号

出 版 人：程 伟
终 审 人：陈 琛
责任编辑：朱赛亮
责任校对：刘延庆
封面设计：时 捷

出版发行：中国社会出版社
地　　址：北京市西城区二龙路甲 33 号
邮政编码：100032
编 辑 部：(010)58124841
网　　址：shcbs.mca.gov.cn
发 行 部：(010)58124841；58124842
经　　销：新华书店

印刷装订：北京虎彩文化传播有限公司
开　　本：170 mm×240 mm 1/16
印　　张：15.25
字　　数：220 千字
版　　次：2023 年 12 月第 1 版
印　　次：2023 年 12 月第 1 次印刷
定　　价：52.00 元

中国社会出版社微信公众号

中国社会出版社天猫旗舰店

序

公益组织的研究与实践，无论是对我国的乡村振兴、共同富裕和第三次分配等国家发展战略，还是生态环境保护、社会创新与可持续发展，均有着十分重大的意义。其中基层公益组织，特别是县域公益组织，则不仅对我国的公益慈善事业的发展举足轻重，还对社会服务体系的建设起到不可替代的作用。然而，当前对公益组织的研究却面临着一系列问题与挑战，在一定程度上阻碍了公益组织研究的深入和实践的有效推动。

我们当前所面临的问题与挑战主要涵盖以下四个方面。

首先，研究对象与研究问题的界定较为模糊，而研究视角也难以精准地定位。公益组织这个研究对象具有内涵精练但外延广阔的特性，不同的分类原则叠加，以及功能与领域的相互嵌入等因素，都使研究者在明确研究对象上面临挑战。而公益组织所面对的社会问题的多样性、复杂性也增加了对研究问题定义的难度，导致了研究对象与问题的界定模糊。同时，研究者面对公益组织和问题的视角常常难以精准定位，限制了研究结果的可比性和普遍适用性。

其次，理论的碎片化。公益组织研究具有多学科和跨学科特征，涉及社会学、经济学、政治学、管理学等多个学科领域。来自不同学科的研究者采用各自不同的概念体系与理论框架对公益组织进行研究，加之近年来研究者对理论创新的不断追求以解释特定的现象，导致不同概念与理论体系的交叉与叠加，造成研究的理论碎片化现象，对实践者的学习与运用也带来困惑和无所适从。

再次，数据与案例的缺乏与不完备。公益组织研究往往缺乏充分的数据支持和完备的案例研究。这在很大程度上限制了研究的深度和广度，也影响了研究结果的可靠性和有效性。

最后，来自研究范式与方法论有效性与适用性的挑战。从研究范式的角度看，现有的相关研究侧重于描述与解释公益组织现象，具有较强的实证范式特征。而当今的公益组织身处不确定的巨变时代，处于不断变革与蜕变过程中，具有很强的社会构建特征（socially constructed），要求研究范式上的批判视角与构建性。从方法论角度看，公益组织的培育、运作与发展问题属于顽劣问题（wicked problem），且处于一个复杂多变的语境当中，具有生成性（emergence）和反身性（reflexivity）特征。现有以观察、问卷、调研、分析和归纳为基础的研究方法论，显然无法胜任这类研究的要求。

应对以上问题与挑战，尤其是研究范式与方法论的挑战，要求研究者改变角色，从一个单一的观察者转变为参与者与行动者；反之，亦要求行动者具备研究者的视角和角色。与此同时，研究亟待与实践相结合，实现研究者与行动者的共创，并在共创行动中不断反思和迭代。换言之，有效应对今天的问题与挑战，呼唤行动研究与共创范式的进入。

近年来，我和我的研究团队一直致力于将行动研究与共创范式及方法论纳入社会创新的研究与实践当中，并运用到可持续金融、乡村振兴和公益慈善等领域。我们在北京大学国家发展研究院（NSD）设立了社会行动与创新实验室，并将其建设成为一个跨界多元主体参与者的共创场域。我们运用行动研究与共创的方法与工具，开展了可持续金融创新实验研究、校友公益组织行动研究以及乡村振兴“村长班”等项目。与此同时，我和我的团队还参与了一系列地方公益组织的能力建设与共创实践；福建省同心慈善基金会便是其中一个。

当收到这本书的书稿并应邀为此书写序时，我感到十分兴奋。该书是福建省同心慈善基金会从2017年开展培育支持福建省内县域公益组织发展的“善才种子计划”的产物。六年来，福建省同心慈善基金会支持培育了102家福建省内县域公益组织，并整理出了对县域公益组织“三阶四化二力一起走”的培育策略。该项目在2020年中国公益慈善项目大赛中获金奖。为了能让更多人关注并支持县域公益组织发展，基金会对该项目进行了整理及提炼，汇总成书。

该书在很大程度上回应了上面所提到的问题与挑战。首先，本书以县域公益组织为研究对象，以组织培育为研究问题，具体且精准。其次，该书源于作者开展的县域公益组织培育的亲身实践，其内容既包括实践经验的汇集和整理，也包括深度的反思和提炼，所提供的数据详尽、案例生动，充分反映了实践真实情况，十分难能可贵。更令人欣喜的是，本书并非只是以“行动研究”为书名，而是全书都体现了行动者进行研究的独特性。书中所展示的以行动者身份进行的案例研究，用平实而“接地气”的语言，对一系列的概念、问题和解决方案等话题循循善诱、娓娓道来，使得该书有着极高的可读性和共鸣感。我本人曾多次参加“善才种子计划”的工作坊，亲身感受并见证了书中所述的许多县域公益机构在经历数月甚至数年的学习、反思和迭代过程中的组织蜕变。

不论读者是县域公益组织的管理者或领导者，还是相关领域的研究人员，或者是行动研究者（即作为研究者的行动者或作为行动者的研究者），相信这本书都将为他们提供极其有价值的参考和启示。

王　超

2023年5月18日于承泽园

目　录

第一章

绪　论

由于城乡差别，处于市域的公益组织拥有的资源、人才、市场都较为丰富，处于县域的公益组织则往往缺人、缺钱、缺知识。由于有所欠缺，所以发展就受限。县域公益组织发展受限的局面，已经成为公益事业发展的短板。支持县域公益组织的发展，既是乡村振兴的必要措施，也是我国公益事业发展的必由之路。那么，如何支持县域公益组织发展呢？这要从县域公益组织的界定说起。

第一节　县域公益组织概述

一、公益组织

（一）公益组织的界定

从字面上看，公益组织比较好界定，只要是为公共利益服务、存在的目的是提供公共服务、服务对象是社会大众，就可以认为该组织是公益组织。

但公益组织的概念界定其实是一个难题，因为内涵比较宽泛，目前还没有一个能清楚界定内涵与外延的权威概念，很多地方是把公益组织与社会组织、慈善组织、非营利组织等概念混着用的。即使是萨拉蒙教授，也仅把组织分为政府组织、市场组织和非营利组织，其中非营利组织界定为不以营利为目的、主要开展各种志愿性的公益或互益活动的非政府的社会组织①。在他那儿，公益组织与非营利性组织是没有区别的。

但在我国政策法规的话语表述上，公益组织跟其他的社会组织是有区别的。2006 年党的十六届六中全会通过的《中共中央关于构建社会主义和谐社会若干重大问题的决定》中首次提出“要坚持培育发展和管理监督并

---

① 康晓光．NGO 扶贫行为研究［M］．北京：中国经济出版社，2001：4.

重、完善培育扶持和依法管理社会组织"①，首次提出社会组织概念（在此之前都是叫民间组织）② 并放到社会主义和谐社会建设中，突显其重要意义，不过这次公报并没有提公益组织的概念。2011 年通过的《中华人民共和国国民经济和社会发展第十二个五年规划纲要》中提出"重点培育、优先发展经济类、公益慈善类、民办非企业单位和城乡社区社会组织"③，把公益慈善类组织与其他类型的社会组织分开提；2016 年通过的《关于改革社会组织管理制度促进社会组织健康有序发展的意见》中提出"重点培育、优先发展行业协会商会类、科技类、公益慈善类、城乡社区服务类社会组织"，并要求政府采取购买服务、实施公益创投等多种有效措施，积极鼓励支持慈善组织发展④以及同年通过的《中华人民共和国慈善法》⑤，是把公益慈善组织与其他类型的社会组织分开提的。2018 年通过的《中共中央国务院关于实施乡村振兴战略的意见》和《乡村振兴战略规划（2018—2022 年）》也一样，把公益组织与其他类社会组织分开来提，比如提到"大力培育服务性、公益性、互助性农村社会组织，积极发展农村社会工作和志愿服务"⑥⑦。总体来看，在顶层设计的政策那儿，公益组织（或称公益性组织）与服务类、协会类、商会类等社会组织是有区别的。

我国的《民间非营利组织会计制度》《中华人民共和国民法典》《社会组织管理登记管理条例》《中华人民共和国公益事业捐赠法》等政策法规对公益事业、非营利组织、社会组织等概念的界定是明确的，也规定了非营利组织、社会组织的公益性特征及公益事业的内涵与外延，但就是没

---

① 中共中央关于构建社会主义和谐社会若干重大问题的决定［N］. 人民日报，2006-10-19（001）.

② 郁建兴，王名，等. 社会组织管理［M］. 北京：科学出版社，2019：1.

③ 中华人民共和国国民经济和社会发展第十二个五年规划纲要［N］. 人民日报，2011-03-17（001）.

④ 中共中央办公厅 国务院办公厅印发《关于改革社会组织管理制度促进社会组织健康有序发展的意见》［Z］. 中华人民共和国国务院公报，2016（25）：6-12.

⑤ 《中华人民共和国慈善法》第八十条.

⑥ 中共中央国务院关于实施乡村振兴战略的意见［N］. 人民日报，2018-02-05（001）.

⑦ 中共中央国务院印发《乡村振兴战略规划（2018—2022 年）》［N］. 人民日报，2018-09-27（001）.

有明确界定什么是公益组织。比如《中华人民共和国民法典》总则编第八十七条规定非营利法人为“为公益目的或者其他非营利目的成立，不向出资人、设立人或者会员分配所取得利润的法人”。虽然非营利法人明确了其中一类是公益目的的法人，但也没有进一步界定公益目的法人概念。《中华人民共和国慈善法》第八条把“依法成立、符合本法规定，以面向社会开展慈善活动为宗旨的非营利性组织”界定为慈善组织，强调了慈善组织的公益性，即以奉献社会、服务大众为使命，不以特定私人利益作为组织目的，受益对象应当是不特定的多数人，但也没有界定公益组织的概念。《中华人民共和国公益事业捐赠法》第三条对公益事业作了明确的规定：“本法所称公益事业是指非营利的下列事项：（一）救助灾害、救济贫困、扶助残疾人等困难的社会群体和个人的活动；（二）教育、科学、文化、卫生、体育事业；（三）环境保护、社会公共设施建设；（四）促进社会发展和进步的其他社会公共和福利事业。”该法条规定了公益事业是指什么，但也没有规定公益组织是指什么。

综上可知，目前还没有一个公认的、权威的“公益组织”概念可用。但实务领域与理论界都经常使用公益组织的概念，特别是实务界，使用更是频繁，因为孵化、培育、支持公益组织发展，是需要弄清什么是公益组织、哪些是公益组织等事项的。因此，有必要对公益组织的概念作好界定。由于公益两字融入到社会的各个方面，渗透于社会生活的各个领域，如果要穷尽外延做内涵的界定，有一定的难度。

那我们如何界定公益组织呢？可以用与该概念相近的概念区分、交叉关系的厘清的方法界定。与公益组织概念相近且经常在学术与法律层面使用的，是非营利组织、社会组织等概念。非营利组织是英文 Non-Profit Organization 的翻译，是指不以营利为目的、主要开展各种志愿性公益或互益活动的非政府的社会组织。法律层面上，《中华人民共和国企业所得税法》第二十六条有提到非营利组织的概念，而在《中华人民共和国企业所得税法实施条例》第八十四条有作范围上的界定，指出只要符合依法登记、从事公益性活动、收入用于登记的业务范围、不分配组织财产等 7 个方面的条件，就可以适用于非营利组织的概念，且指出该概念还需国务院有关部门进一步界定。社会组织的概念在国际上与非营利组织的概念是一致的，都是指 Non-Profit Organization，即 NPO。在我国，根据法律的规定，狭义的社会组织即指在民政部门登记注册的社会团体、基金会和民办非企业单位，这一界定与非营利组织有区别。《中华人民共和国企业所得税法实施条例》第五十二条对公益性社会团体有作界定，其内容与非营利组织的界定相似，都是从范围的维度界定这类组织，但也没有对公益性社会组织或者公益组织的规定作界定。在还没有充分的研究及获得权威概念界定之前，基于实用与现实的角度，可根据《慈善法》《公益事业捐赠法》《中华人民共和国企业所得税法实施条例》等法律的规定，借鉴非营利组织、社会组织等概念的内涵与外延，作一个简单的界定。我们认为，公益组织即普遍意义上的、不以营利为目的、为追求公共利益的社会组织，其组织目的是为全体或特定社会人群提供普遍性利益服务。

（二）公益组织的类型

根据我国的政策规定，事业单位性质的公益组织，根据职责任务、服务对象和资源配置方式等情况分为三类：公益一类，即从事关系国家安全、公共安全、公共教育、公共文化、公共卫生、经济社会秩序和公民基本社会权利的公益服务，如义务教育机构、公共卫生机构等；公益二类，即提供公益服务并可部分实现由市场配置资源的单位，如普通高等教育机构、非营利医疗机构等；公益三类，除了以上两小类的其他机构，即提供的服务具有一定公益属性，可基本实现由市场配置资源的组织，它是经费自理、自主开展公益服务活动和相关经营活动的组织①。由此可知，市场配置资源的公益组织，有事业单位、民间组织的区分。非政府、非市场的民间公益组织（狭义的社会组织），是区别于公办事业单位的公益组织的。

这类公益组织包括除"中间组织"（不以营利也不以公益为目的的非

---

① 国务院．中共中央国务院关于分类推进事业单位改革的指导意见［Z］．2011-03-23.

营利法人，包括商会、协会、学会等)[①] 外的公益性目的的基金会、社团组织、社会服务机构等组织。公益性社会组织提供的服务遍及社会的各个方面，如公益慈善、救灾救济、扶贫济困、环境保护、公共卫生、文化教育、科学研究、科技推广、农村和城市的社会发展及社区建设等。也正因为如此，当不同的公益组织专注于某类领域时，往往会命名为某个领域的公益组织，现实上看，就形成了名目繁多、形态多样的公益组织了。

由于公益服务不断发展并逐渐专业化，于是出现了一些以公益服务为核心功能的社会组织，包括基金会、社会团体和民办非企业单位以及开展各种社区服务的基层组织等。它们的共同特点是面对受益者的各种需求，致力于为公众提供各种形式的公益服务并谋求社会公益，它们与各级政府和各个相关领域的政府提供的公共服务相辅相成，在很大程度上成为政府公共服务的有益补充[②]。

二、县域公益组织

（一）县域公益组织的界定

前文已述，公益组织是为全体社会成员或特殊群体提供共享的具有普遍性利益劳动的组织，主要目的是追求社会效益，是非政府、非商业性的社会组织。由于地域分布的原因，公益组织的注册分为省、市、县级，而活动则主要分布于市域或者县域的范围。在县域（不包括城市的区）范围内活动，或者注册主管部门是县级（包括县级市）行政主管部门的公益组织，我们就认定为是县域公益组织。

（二）县域公益组织体系的结构

社会组织体系结构是指社会组织之间互相联系与影响的关系构成的社会组织整体形态。县域公益组织由县一级的公益性的基金会、社团、社会服务机构等构成。

---

① 王利明，王叶刚．中国民法典释评·总则编［M］．北京：中国人民大学出版社，2020：87.

② 王智慧．非营利组织管理［M］．北京：北京大学出版社，2012：8-11.

县级的基金会数量比较少，常见的县级基金会有家族慈善基金会、学校成立的助学类基金会、县级企业成立的企业基金会、县级扶贫助困基金会、乡镇助学或者扶贫基金会等。县级基金会的目标与服务领域都比较明确、具体。

县域公益性社团，大多以志愿者队伍、互助类组织的形态存在。他们往往聚在一起以做好事为出发点，在以帮助他人的兴趣为指引下，几个志同道合者互动互助，慢慢地形成社会组织。这类组织以义工、施善、正能量等特征为标志，往往是县域内比较活跃的组织，具有一定的组织力与号召力，能凝聚不少希望参与社会活动、希望结社的人们。

如果要登记机构认定为慈善组织的公益组织才叫慈善组织，则县域慈善组织大体以原来官方或者半官方的慈善组织为主，还有一些从志愿者团体发展过来的社会工作服务组织。因此，从这个层面来讲，县域的慈善组织比较少，只有县域慈善会、红十字会，或者其他注册或业务范围为慈善服务的社会组织等。但在现实中，一般把业务范围包括公益慈善服务的，就认定为是慈善组织。在县域，这类组织的数量还是不少的。比如大量存在的志愿者、义工类组织，也存在各种公益慈善类服务的乡、村、社区社会组织。

（三）县域公益组织的社会功能

1. 社会沟通的功能

公益组织具有社会性、民间性和公民主体性，能发挥平等沟通、公众沟通、善意沟通的作用。县域社会具有熟人社会的特征，人与人之间的互动相较于市域社会更加频繁，县域公益组织在居民之间的沟通作用更为凸显。一方面，公益组织作为民间社会组织，在政府与公众之间搭建沟通的桥梁，在民众与政府之间建立了利益表达、社会建设的诉求的渠道，协助政府做好宣传、指导、监督等方面的工作。另一方面，县域公益组织以“志愿参与”“利他互助”“慈善公益”等理念实现人际沟通，解决人与人、人与社会、不同群体及利益集团之间、人与社会之间以及人与自然之间的各种矛盾与冲突。因此，县域公益组织能起到社会沟通的功能。

2. 社会服务的功能

面向社会提供公益服务，是县域公益组织公共性和社会性的本质要求。县域公益组织立足于县域社会，拥有一定的资源与解决问题的能量，在困弱群体帮扶、环境保护、公共利益维护等方面可以采取行动，是社会服务的重要力量。一方面，县域公益组织按照组织宗旨，面向县域内社会成员开展各种形式的中介服务和直接服务，如老弱病残困者物质支持、心理安慰服务，各种志愿爱心组织服务、公益慈善服务等。另一方面，公益组织通过接受政府委托或参与政府采购，加入政府社会与公共服务体系，拓展社会与公共服务的空间并提高其效率，同政府、社会与公共服务之间形成合作互动、共同发展的关系。

3. 社会动员的功能

这主要是指县域公益组织面向社会动员的各类资源，如人力资源、金融资源、物质资源等。在金融资源与物质资源方面，县域公益组织可以通过各种慈善性、公益性的募款活动，面向社会筹集和吸纳社会捐赠。在人力资源方面，县域公益组织可以发动社会各个方面的志愿者参与各类公益慈善活动或互益活动，号召民众提供劳务性服务等①。

第二节　县域公益组织的培育

一、县域公益组织培育的内涵

公益组织是一群有共同价值追求、共同目标及行动人的组织，它的生存与发展，受内外环境的影响往往会经历一个曲折的过程。组织从萌芽到成长为小苗，由小苗再到小树，每一个阶段都有不小的难点，既需要群体内部力量的作用发挥，也需要群体外部力量的助推。外部力量的助推，就是所谓的培育了。经由外部资源的导入、知识的灌输、意念的强化、工具

① 张冉．非营利组织管理［M］．北京：北京大学出版社，2014：12-14.

的提供，使已经成为组织体的群体成为目标明确、层级清晰、制度有效、人员足够、行动有力的共同体，这个过程就是组织的培育。

在公益组织的萌芽阶段，若干个骨干或者带头的人在某个事件的激发下，生发出团结起来做事的意图，并由愿意做事、敢于行动的个人召集有相同意识的人，形成有共同目标与行动的群体。在公益组织形成的过程中，如何让意图固化、如何让愿意召集人行动的带头人有资源与有知识，推动群体向组织转变，就可能需要借助外部的力量干预。另外，在公益组织形成的初期，当群体成员在共同的理念、共同的目标与价值追求的激情行动之后，群体成员往往容易生发懈怠心，加上资源短缺、事情难做，就有可能使刚成型的组织松散开。此时外力的介入，就有可能重新激发起组织的动力或者能力，就容易使组织重新活跃起来。综合起来，可以这样说，所谓的组织培育，就是：

（一）使成员理解组织的含义，推动群体向组织转变，让互动的群体向组织体转变。

（二）激活组织体，使组织成为有共同目标、有一致行动的共同体，让组织作为一个生命体成活。

（三）赋能组织，使组织有生存的资源、前进的动力与凝聚成员完成使命的能力。

二、培育县域公益组织的意义

（一）助推乡村振兴事业发展

公益组织是乡村振兴过程中的重要主体，与政府和企业相比，在充分调动社会力量保障民众参与需求，以及困难群众享有基本公共服务的机会均等和权利平等方面，能起到弥补“政府失灵”、市场缺陷的作用。公益组织参与乡村振兴的过程，还具有如下几点优势。

首先，公益组织为参与乡村振兴提供了丰富的人力资源。政府能够动员足够多的人力资源参与乡村振兴的工作，不过，具体的乡村振兴事项，仍然需要大量社会成员的参与。而公益组织不仅有经验丰富的公益行业工作人员，也有来自多个社会层面的志愿者。志愿者是公益组织主要的人力资源的来源，甚至有些县域公益组织其实质就是志愿者组织。目前还没有县域志愿者组织与志愿者的个数与人数的统计，无法对志愿服务作出准确的数据统计，如果从全国志愿者的人数与志愿服务的数量统计来看，可知志愿服务的数量是比较大的。早在2018年，全国志愿服务信息系统注册志愿者就超过1亿人，标识为志愿服务的组织有12万个，记录的志愿服务时间超过12亿小时、达1.5亿个工作日。其中有不少是来自县域的志愿者组织与志愿者贡献于乡村的时间与服务。

其次，拓宽了服务乡村振兴事业的专业领域。社会组织包括基金会、行业协会和社会服务组织等，业务范围涉及社会生活的多个领域。在扶贫、济困、扶老、救孤、恤病、助残优抚以及救助自然灾害、事故灾难和公共卫生事件等突发事件造成的损害等领域，往往有着非常强的专业性。不同背景的不同社会组织，能够在不同专业领域融入乡村特殊群体，理解扶助对象的需求并向他们传授技术、知识和经验，提高乡村特殊群体的知识素养和生产能力，唤醒村民的权利意识和公共意识，甚至能激发起村民的潜能，夯实乡村振兴的社会基础。当然，社会组织（包括公益类社会组织）还可以利用其专业优势，缓解政府操作层面技术力量的不足，共同做好乡村的振兴工作。

最后，公益组织能筹集一定的物资与资金资源助力乡村振兴。公益组织筹集资源的方式多元，能够通过服务收费、承接政府购买服务、商业化投资、与企业合作、接受公益创投、资本市场投资、销售商品、参与市场竞争等方式获取收入，快速筹集社会资金、人力与物资等，提高乡村振兴所需的社会资源，推动更多的社会资源进入乡村，助力乡村利用社会资源满足发展需求。

（二）推进县域公益事业的发展

公益事业是指促进社会发展和进步的社会公共和福利事业，它包括教育、科学、文化、卫生、体育等事业，也包括救济贫困、扶助残疾人等扶危助困的活动和环境保护、社会公共设施建设等非营利事项。[①] 公益事业是提供公益服务产品的事业，能促进社会的进步。发展公益事业是新时代中国特色社会主义社会建设的重要组成部分，当然也是县域社会建设的重要组成部分。

公益组织的发展有助于各类妇女、儿童、老人、残疾人等特殊群体的利益受到合理的保护，有助于实现人道救助和志愿服务以及慈善事业的健康发展，是公益事业的重要组成部分。正因为公益组织的发展是公益事业发展的重要组成部分，各类政策在提到促进公益事业发展时，一般都会提及支持公益组织发展的问题，比如2020年及后几年的政府工作报告都提出了“支持社会组织、人道救助、志愿服务、慈善事业等健康发展”。

县域公益组织是公益组织体系构成的重要组成部分，是公益组织体系的“神经末梢”，是公益事业发展大厦的地基。地基固则大厦坚、地基松则大厦倾，落地才能生根、根深才能叶茂，基层公益组织的发展，是公益事业发展的根基与根系，要打通公益事业“最后一公里”，就要大力支持县域公益组织的发展。

（三）应对公益事业发展新问题

随着市场经济的蓬勃发展，社会问题和社会需求出现不断的更迭与变化。在社会问题的治理方面，存在政府和市场的部分“失灵现象”，需要人们寻找新的治理手段与治理平台去应对新问题。在这样的背景下，关注社会问题解决的人们以组织化参与的方式解决社会问题，积极成立各类社会组织，于是出现了社会组织数量井喷的现象。40余年来，社会组织总体规模几乎每10年翻一番，从最初约10万，10年后超20万，又10年逾40万，再10年达80万的速度发展。截至2021年底，全国共有社会组织90.2万个，比上年增长0.9%，吸纳社会就业人口约1100万[②]。不仅数量大增，社会组织的服务领域也日渐宽广，服务已经广泛渗透到社会生活的各个方

① 《中华人民共和国公益事业捐赠法》第三条。

② 数据来源：《2021年民政事业发展统计公报》，https://images3.mca.gov.cn/www2017/file/202208/2021mzsyfztjgb.pdf.

面，如：扶贫开发、养老服务、儿童福利、残疾人服务、社会救助、环境保护、防灾减灾救灾、优抚安置、社区服务等。相应的资源整合量、领域分布面、组织活跃度、公众参与度、社会影响力等也发生巨大变化。可见，在国家政策的支持和各级政府大力推动下，社会组织已经获得较大的发展。而且，在数量已经达到相当规模的情况下，社会组织的发展已经迈入提质增效的阶段。

各县域成立了公益组织之后，部分县域开始出现公益组织活力不足、社会服务不能持续的问题，部分县域则出现了公益组织的工作人员不够专业化、没有专职人员的情况。这是公益事业发展的新问题。解决了这些新问题，才能促进县域公益组织的发展。怎么解决呢？给予培育支持是重要的方法。因为培育支持的做法，可以赋权县域公益组织，使组织具有能力获得一定的资源，从而使组织能够运转起来，能够凝聚起组织成员一起履行组织的责任、追求组织的使命。可以说，县域公益组织的培育，是激活县域公益状态、促进县域公益组织发展的重要途径，是应对新问题的必然方法，也是推进县域公益事业发展的必要基础工作。

三、公益组织培育的政策依据

（一）战略性政策的依据

党和国家设计了一系列顶层制度，对包括公益组织在内的社会组织作出重要意义、发展方向、培育支持等方向性的规定。

2006 年党的十六届六中全会通过的《中共中央关于构建社会主义和谐社会若干重大问题的决定》中首次提出要“坚持培育发展和管理监督并重、完善培育扶持和依法管理社会组织”①，提出要支持和培育社会组织的方针。

2011 年通过的《中华人民共和国国民经济和社会发展第十二个五年规划纲要》中提出要“重点培育、优先发展经济类、公益慈善类、民办非企

① 中共中央关于构建社会主义和谐社会若干重大问题的决定［N］．人民日报，2006-10-19（001）．

业单位和城乡社区社会组织”①。

2013 年党的十八届三中全会作出的《中共中央关于全面深化改革若干重大问题的决定》提出了激发社会组织活力，正确处理政府和社会关系，加快实施政社分开，推进社会组织明确权责、依法自治、发挥作用的改革新思路，为探索培育社会组织的实践指明了方向。与此同时，党的十八届三中全会还围绕“创新社会治理体制”“激发社会组织活力”，提出将社会组织视为国家治理体系的重要主体之一，要求将适合社会组织提供的公共服务和解决的事项交由社会组织承担②。党的十八届四中全会进一步明确提出，“加强社会组织立法，规范和引导各类社会组织健康发展”③。这体现了党中央对社会组织在全面深化改革中发挥积极作用的殷切期望，同时也为社会组织发展指明了方向。

2016 年通过的《关于改革社会组织管理制度促进社会组织健康有序发展的意见》中提出“重点培育、优先发展行业协会商会类、科技类、公益慈善类、城乡社区服务类社会组织”，并要求政府采取购买服务、实施公益创投等多种有效措施，积极鼓励支持慈善组织发展④。同年通过的《中华人民共和国慈善法》也要求民政和其他相关部门应公开对慈善活动的税收优惠、资助补贴等促进措施⑤。

2018 年通过的《中共中央国务院关于实施乡村振兴战略的意见》和《国家乡村振兴战略规划（2018—2022 年）》都要求，要“大力培育服务性、公益性、互助性农村社会组织，积极发展农村社会工作和志愿服

① 中华人民共和国国民经济和社会发展第十二个五年规划纲要［N］. 人民日报，2011-03-17（001）.

② 中共中央关于全面深化改革若干重大问题的决定［N］. 人民日报，2013-11-16（001）.

③ 中共中央关于全面推进依法治国若干重大问题的决定［N］. 人民日报，2014-10-29（001）.

④ 中办国办印发《关于改革社会组织管理制度促进社会组织健康有序发展的意见》［N］. 人民日报，2016-08-22（001）.

⑤《中华人民共和国慈善法》第八十条.

务”[1][2]。同时，关于乡村振兴的各类纲领文件中，也要求加大农村基础公共服务，优先安排农村公共服务。乡村振兴不应该只依靠政府的力量，而应该激发更多的社会力量参与，社会组织作为一支重要的社会力量在乡村治理和乡村振兴中起着重要作用。党的十九届四中全会提出“必须加强和创新社会治理，完善党委领导、政府负责、民主协商、社会协同、公众参与、法治保障、科技支撑的社会治理体系”，社会组织作为社会共治体系的重要部分，应发挥第三部门的优势，加强制度建设、分类治理、增能赋权和协同共治，拓宽和创新参与社会治理路径[3]。

2020 年 11 月 3 日，党的十九届五中全会审议通过的《中共中央关于制定国民经济和社会发展第十四个五年规划和二〇三五年远景目标的建议》发布。文件在“加强和创新社会治理”部分，明确提出“发挥群团组织和社会组织在社会治理中的作用，畅通和规范市场主体、新社会阶层、社会工作者和志愿者等参与社会治理的途径”[4]。2020 年底，民政部推出了社区社会组织培育发展的专项行动，公益组织因其发挥的独特作用，被提到优先发展的突出位置。

2022 年 10 月，党的二十大报告指出：“统筹推进政党协商、人大协商、政府协商、政协协商、人民团体协商、基层协商以及社会组织协商，健全各种制度化协商平台，推进协商民主广泛多层制度化发展”，“引导、支持有意愿有能力的企业、社会组织和个人积极参与公益慈善事业。”[5] 从发展全过程人民民主到完善分配制度等多方面擘画了社会组织发展的蓝图。

---

① 中共中央国务院关于实施乡村振兴战略的意见［N］. 人民日报，2018-02-05（001）.

② 中共中央国务院印发《乡村振兴战略规划（2018—2022 年）》［N］. 人民日报，2018-09-27（001）.

③ 中共中央关于坚持和完善中国特色社会主义制度推进国家治理体系和治理能力现代化若干重大问题的决定［J］. 中国民政，2019（21）：6-16.

④ 中共中央关于制定国民经济和社会发展第十四个五年规划和二〇三五年远景目标的建议［N］. 人民日报，2020-11-04（001）.

⑤ 高举中国特色社会主义伟大旗帜 为全面建设社会主义现代化国家而团结奋斗——在中国共产党第二十次全国代表大会上的报告［N］. 人民日报，2022-10-26（001）.

（二）具体的培育政策依据

为规范与推动包括公益组织在内的社会组织发展，国家出台了系列的政策与法规。截至2023年，我国关于社会组织的常用法律法规政策共有467件，其中综合文件109件，社会团体文件45件，民办非企业单位35件，基金会文件17件，党建文件11件，涉外组织4件，慈善事业有关文件31件，脱钩改革有关文件19件，执法监督16件，社会工作相关文件30件，相关法律法规45件，政策研究27件，负责人管理5件，业务主管单位相关文件8件，志愿服务相关文件17件，社会组织财税文件40件，其他文件8件①。这些政策、法规，是推进我国公益组织发展的重要政策依据。

众多政策中，有部分政策直接指明了如何培育社会组织。比如，为贯彻落实党的十九大和十九届历次全会精神及党中央实施乡村振兴战略的决策部署，民政部、国家乡村振兴局在"十四五"期间为动员引导社会组织参与乡村振兴工作发布的《关于动员引导社会组织参与乡村振兴工作的通知》（民发〔2022〕11号），直接指明省级民政部门要会同同级乡村振兴部门，通过政府购买服务等方式，鼓励社会力量参与平台建设、加强共享合作。此外，还进一步指明，要通过定期组织项目对接会、公益博览会、现场考察调研、慈善展览会等多种形式，促成社会组织乡村振兴资源供给与帮扶地区需求精准、有效对接。这为县域公益组织参与乡村振兴搭建了平台。为了使包括县域公益组织在内的县域社会组织有能力参与乡村振兴，该通知还强调，要大力培育服务性、公益性、互助性农村社会组织②。又如民政部印发的《"十四五"社会组织发展规划》通知指出，要从党组织建设、完善法律制度、完善监管制度及指引社会组织自身建设等方面，

---

① 数据来源：https：//zcfg. chinanpo. mca. gov. cn/api - k/pages/knowledgefrontend/policies _ index. html.

② 关于动员引导社会组织参与乡村振兴工作的通知［EB/OL］.（2022-03-01）［2022-12-08］. http：//www. gov. cn/zhengce/zhengceku/2022-03/01/content_ 5676306. htm.

培育与支持社会组织的规范化发展①。

（三）公益组织培育的地方政策——以福建省为例

福建省是中国改革开放的前沿阵地和服务祖国统一大业的前沿平台，福建省的社会组织是扩大对外开放和发展两岸关系的一支不可多得的重要力量，新时期福建省社会组织的发展具有重要的理论意义和现实意义。为此，福建省积极落实中央的政策，相应地制定了一系列的地方政策。

2018 年 11 月福建省民政厅、财政厅等五部门联合出台《福建省民政厅等五部门关于进一步推动社区社会组织培育发展的实施意见》，提出“到 2020 年社区社会组织培育发展初见成效，实现城市社区平均拥有不少于 10 个社区社会组织，农村社区平均拥有不少于 5 个社区社会组织。用 5 到 10 年的时间，使社区社会组织管理制度更加健全，支持措施更加完备，整体发展更加有序，作用发挥更加明显，成为创新基层社会治理的有力支撑”②。

2020 年 8 月为引导和鼓励高校毕业生面向基层工作，拓宽高校毕业生就业渠道，提升城乡社区治理和服务水平，中共中央组织部、人力资源和社会保障部等七部门发布《关于引导和鼓励高校毕业生到城乡社区就业创业的通知》（人社部发〔2020〕53 号），强调要加强建设吸纳高校毕业生的社区、社会工作、社区社会组织、社区志愿者、社会公益慈善资源联动机制，创新基层社会治理服务模式，引导更多社会工作专业毕业生参与基层社会治理与乡村振兴服务。该通知指出，要重点培育开展养老服务、儿童托管等服务类社区社会组织，以及为农村留守儿童和老人、残疾人、困难家庭等提供服务的公益慈善类社区社会组织，指出对符合登记条件的社区社会组织要加快审核办理，对达不到登记条件的社区社会组织则要由街

---

① 民政部关于印发《“十四五”社会组织发展规划》的通知［EB/OL］.（2021-10-08）［2022-12-09］. http://www.gov.cn/zhengce/zhengceku/2021-10/08/content_5641453.htm.

② 民政部关于大力培育发展社区社会组织的意见［EB/OL］.（2018-11-26）［2022-12-09］. http://mzt.fujian.gov.cn/zfxxgkzl/zfxxgkml/gfxwj/shzzgl/201811/t20181126_4682854.htm.

道办事处（乡镇政府）实施管理，加强分类指导和业务指导①。

2022年4月，福建省民政厅、福建省乡村振兴局发布《关于动员引导社会组织参与乡村振兴的实施意见》（闽民管〔2022〕41号），提出"要发展服务乡村振兴的社会组织，支持以服务乡村振兴为宗旨的社会组织依法登记，发挥社会组织在产业振兴、科技助农、文化体育、环保生态、卫生健康、社会治理、民生保障方面的积极作用"②。为此，要依托各级社会组织孵化基地，培育服务性、公益性、互助性农村社会组织，要协调有关部门和地区将政策、资金、人才等资源更多用于农村社会组织发展，由此要优化社会组织参与乡村振兴的支持体系，民政部门要会同乡村振兴部门推动创新社会组织与社区、社会工作者、社区志愿者、社会慈善资源联动机制。在此基础上，各部门要注重帮扶地区社会组织能力建设，着力培养一批项目意识强、专业水平高、热心乡村振兴事业的基层社会组织领军人才，推动不同层级、不同类型、不同领域的社会组织协调配合，在帮扶行动中实现信息共享、资源互动、功能互补。

---

① 数据来源：关于引导和鼓励高校毕业生到城乡社区就业创业的通知［EB/OL］.（2020-7-02）［2022-12-10］. http：//www. mohrss. gov. cn/xxgk2020/fdzdgknr/zcfg/gfxwj/jy/202007/t20 200702_ 378202. html.

② 数据来源：关于动员引导社会组织参与乡村振兴的实施意见［EB/OL］.（2022-04-06）［2022-12-10］. http：//mzt. fujian. gov. cn/mgj/wjgg/202204/t20220406_ 5875801. htm.

第二章

县域公益组织培育的需求

第一节　县域公益组织总体生存状况

我国县域公益组织的数量已经达到一定规模。截至 2021 年底，经民政部门登记的社会组织总量为 90. 2 万个，在县级民政部门登记的社会团体、基金会、民办非企业单位数量分别达到 24. 6 万个、791 个、44 万个，占全国各级登记的社会团体、基金会、民办非企业单位的比例为 66. 4%、8. 9%、84. 5%。[①] 从这一数据可以看出，当前县域社会组织已形成一个颇具规模的群体。具体的生存情况如何呢？我们以福建省为例进行分析。

一、组织数量

截至 2022 年 4 月，福建省经民政部门登记的社会组织总数约为 35770 家。从社会组织的注册层级看，有 17041 家社会组织是在县级行政部门注册的，约占 47. 64%。社会组织总量的变化呈现阶梯式增长的态势，近几年的数量增长较快。2011 年，福建省社会组织的总量是 12660 家；截至 2022 年 4 月，福建省经民政部门登记的社会组织总量约为 35770 家，10 年多的时间，福建省的社会组织数量增长了近 3 倍，社会组织数量呈现爆发式增长[②]。县级社会组织的增长态势与全省的社会组织增长态势相同。

二、组织类型结构

从组织类型体系的结构看，不同类型公益组织的数量发展不均衡。近些年增长的主要是社会服务机构。截至 2021 年，福建省有社会团体 1. 9 万

① 数据来源：民政部《2021 年民政事业发展统计公报》，https：//images3. mca. gov. cn/www2017/file/202208/2021mzsyfztjgb. pdf.

② 数据来源：福建社会组织查询平台，http：//112. 54. 44. 39：8088/shzz_ njgs/new_ society. jsp.

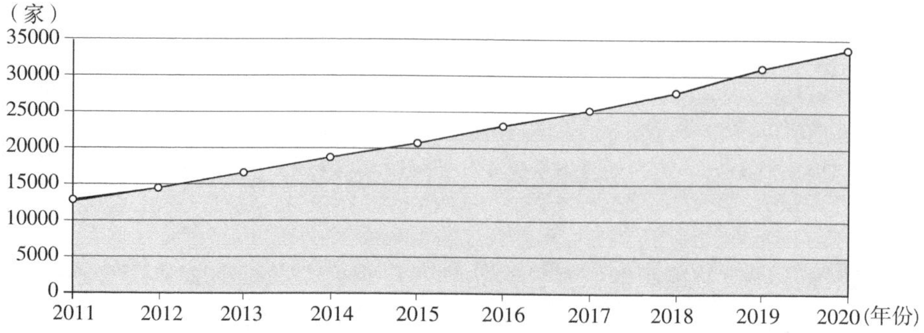

图 2-1　福建省社会组织总量 2011—2020 年趋势

家，民办非企业单位 1.6 万家，基金会 477 家①。从中可发现，社会团体占比最大，民办非企业单位次之，基金会占比最少。

这一组织类型结构的状态一直保持了大概 10 年。同时，从县级社会组织分类的变动趋势来看，县级社会团体与民办非企业单位的数量增长比较平稳且两者数量基本持平，而基金会的数量在近 5 年则增长比较快。在 2015 年，县级基金会的数量从个位数增长到了十位数，而到 2018 年，则实现了由十位数到百位数的增长。不过，总体来看，基金会数量仍旧较少，基金会与社会团体、民办非企业单位的发展不均衡，相差较大。具体参见表 2-1。

表 2-1　2021 年福建省与全国社会组织分类对比表

	社会组织总数	社会团体	民办非企业	基金会
福建省	35477	19000（约）	16000（约）	477
全国	901870	371110	521883	8877
比例	3.93%	5.12%	3.07%	5.37%

（数据来源：中华人民共和国民政部官网、福建省民政厅官网。）

三、组织区域分布

县域公益组织的区域分布和发展程度与县域经济发展程度关联。根据

① 数据来源：福建省民政厅 2021 年 4 季度民政统计数据，http：//mzt.fujian.gov.cn/gk/sjfb/202203/t20220322_5864811.htm.

福建省善才公益慈善研究院及福州市鹏辰社会工作发展中心《福建省公益组织与从业人员现状及需求调查报告（2021）》的调研数据，2022 年注册地为福州市、厦门市、漳州市、泉州市四个地区的社会组织总数为 21607 家，占全省社会组织总数的 60.41%。而注册地为三明市、莆田市、南平市、龙岩市、宁德市的社会组织总数占全省的 33.06%（11827 家），省级注册的社会组织共 2336 家，占全省社会组织总数的 6.53%。

公益组织的活跃度与县域经济发展程度也有关联。对 100 家公益组织的调查结果显示，福建省公益组织的活跃程度分布，大体呈现三个梯度：福州市、厦门市、泉州市位于第一个梯度，这个梯度内的公益组织发展比较好，也是福建省经济发展比较好的区域；龙岩市、三明市、南平市位于第二个梯度，公益组织处于起步阶段，这三个地级市的经济发展水平，在福建省内处于比较靠后的位置，但公益组织的活跃度却比较高；宁德市、漳州市、莆田市处于第三个梯度，公益组织发展缓慢。

四、组织服务领域情况

福建省县域公益组织提供的公益类服务以传统的慈善服务为主，服务多集中在青少年服务、志愿服务、儿童服务、社区发展、老年服务等领域，涉及文化、卫生、教育、扶贫济困、助老助残等，参见表 2-2。

表 2-2　2019 年福建省法人单位按行业分类表①

行业	省	福州	厦门	莆田	三明	泉州	漳州	南平	龙岩	宁德
水利、环境和公共设施管理	6225	1006	919	353	620	992	880	560	419	476
居民服务	17847	4020	5322	888	579	3423	1370	818	640	787
教育	22422	4073	4690	1573	1152	4128	2842	1381	1387	1196

① 资料来源：福建省统计年鉴—2020，http：//tjj.fujian.gov.cn/tongjinianjian/dz2020/index.htm.

续表

行业	省	福州	厦门	莆田	三明	泉州	漳州	南平	龙岩	宁德
卫生和社会工作	6777	1816	782	330	585	1051	616	717	455	425
文化、体育和娱乐	25113	5158	6518	1164	983	5749	1920	1429	1110	1082
公共管理和社会保障	59280	11788	2724	4151	6272	9348	6641	6778	5051	6527

五、组织的基础条件

总体来看，县域公益组织的基础设施条件都比较差。有不少的县域公益组织缺少办公场地、办公设备。还有很多县域公益组织需付费租赁场地，而办公设备则需要员工自备。组织也缺乏专职人员。2018 年“善才种子”项目团队对福建省 17 家县域公益组织的调查显示，接近一半的县域公益组织的专职人员为 1 人，有 23. 5%的组织有严重的人员紧张问题，详见表 2-3。

表 2-3　县域公益组织全职人员数量统计表

全职人员数量	组织数量	占比（%）
0 人	4	23. 5
1 人	7	41. 2
1~3 人	5	29. 4
3 人以上	1	5. 9

而组织的资金，则主要来源于政府购买服务项目，少部分来源于其他社会组织的支持、社会捐赠和经营性收费。从数字上来看，资金主要来源为政府支持的占 11. 8%，基金会、群团组织支持的占比为 11. 8%，社会捐赠的占比为 5. 9%，另有 70. 6%的县域公益组织资金是政府购买和社会组织支持的组合，详见表 2-4。

表 2-4　县域公益组织资金来源统计表

主要资金来源	组织数量	占比（%）
政府	2	11.8
基金会、群团组织	2	11.8
其他社会组织	12	70.6
社会捐赠	1	5.9
经营性收费	0	0
其他	0	0

第二节　县域公益组织发展的瓶颈问题

公益组织是社会系统的一个子系统，在发展的过程中会受系统内、外因素的影响，普遍面临着生存问题的挑战。公益组织面临的生存与发展的困境，主要包括合法性困境、资源困境以及治理困境三大方面。合法性困境是指在社会、行政、政治、法律合法性的约束下，公益组织仍旧难以取得政府和社会的信任，主要体现为公益组织的社会公信力较低、社会认可度不高，在注册时被冠以民办非企业单位（慈善法虽将民办非企业单位统一为社会服务机构，但《民办非企业单位登记管理暂行条例》还未修订，注册登记证书仍写民办非企业单位）等。资源困境主要指的是资金和人才两个方面的紧缺，有时候也包括组织项目的短缺。治理困境主要指组织内部架构不明晰、制度不完善、“精英”治理比较明显等。公益组织所面临的困境与当前的制度、文化和资源因素密切相关。这些困境，在北京七悦社会公益服务中心在2022年开展的《县域公益组织互联网筹款模式研究》结果中也获得佐证。该研究面向全国202家县域公益组织进行了问卷调查，结果显示“74%的县域公益组织认为自身缺乏稳定的资金来源，51.98%的县域公益组织缺乏专业人才，46.04%的县域公益组织缺乏稳定的收入，

32.67%的县域公益组织想要发展壮大，但是不知如何做起”①。

除了普遍性困境外，一些县域公益组织还面临着政策性问题、组织运营问题以及项目、服务问题等生存困难问题。比如，在经济较不发达的山区县、当年的贫困县、革命老区县等区域的县域公益组织，一般存在项目资金匮乏、组织规范化治理缺指导、组织负责人的情感缺持续性支持等组织内部的问题，也存在组织间的互动与互助支持欠缺、爱心企业家与爱心个人无法对接到合适的组织与项目等外在环境的问题。具体情况如下。

一、组织发展的内部困境

县域公益组织的组织建设水平较低。公益组织的组织建设，包括组织使命、愿景的界定，组织架构、组织制度的建设等内容。县域公益组织在这些方面的建设，往往是空白或者是非常粗糙，大多组织的组织建设或多或少都存有问题。具体体现在以下几个方面。

（一）组织使命陈述的问题

组织的使命是对组织态度和展望的陈述。组织使命陈述对公益组织很重要，具有筹资和凝聚组织成员的功能。有力的使命陈述，既能引导与凝聚组织成员，也能引领组织的服务对象、服务内容、社会责任。管理学大师彼得·德鲁克说，“使命是非营利组织管理的基础，非营利组织管理者的任务就是思考定义组织的使命，作出切实可行的使命陈述，然后将其转化为明确具体的行动目标”②。

总体看，县域公益组织对组织使命的陈述是不够重视的，组织使命的规划是不清晰的。主要表现在：第一，组织使命经常被忽视。组织使命属于公益组织的战略管理，很多县域公益组织忙于做实务，缺少对组织未来发展的思考与规划，没有意识到组织使命的重要性；第二，使命内容广泛而不聚焦。组织的使命应该包括服务对象、服务内容、服务领域、服务目标、社会责任等，是一个综合性、凝练性的组织战略规划与陈述，但在制

① 北京七悦社会公益服务中心．县域社会组织筹款模式研究［R］．北京，2022.

② 彼得·德鲁克．非营利组织的管理［M］．北京：机械工业出版社，2009：5.

定组织的宗旨或使命过程中，很多县域公益组织为了生存、为了能承接到更多的服务项目，往往把组织的业务范围定得非常广泛和模糊，表现出来的，就是组织的业务范围广、服务对象不详、没有特定的服务类型，组织的使命陈述不清晰、往往模棱两可；第三，使命陈述缺乏社会责任内容。县域公益组织的使命陈述，大多会有服务对象、服务范围等内容，但少有组织能清晰地解释使命中所蕴含的社会责任、想要解决的问题等内容，也很少能够解释清楚组织使命对组织目标、组织任务的指引作用。正如某县域公益组织的负责人所说："由于我们组织刚成立不久，刚开始的定位都非常模糊和不科学，现在发展遇到瓶颈，当前所做的工作不知道怎样厘清使命，促使组织进一步发展壮大。"（XW 社会工作服务中心负责人 Z 老师）

也有很多的县域公益组织对组织的未来发展没有规划，没有使命与愿景等方面的内容。组织使命属于社会组织的战略管理，大多数的县域公益组织并没有意识到使命的重要性，也没有能力制订清晰可行的组织使命与愿景。

（二）组织规范性的问题

公益组织规范性是指组织在财务管理、项目管理和基础档案保存、组织治理和团队建设等方面能够遵守基本的规则，能保证组织按法规及其他政策规范正常、合规地运作。一个组织发展过程中，基础规范是底线，是保障其向上发展的基础，尤其是对于承接政府购买服务的社会组织，更是如此。特别是财务管理，如果财务管理方面缺乏或薄弱，就会成为县域公益一个较为明显的劣势，可能会直接影响购买方对于组织承接资格和能力的评价。

公益组织的公开、透明等要求，需要各种规章制度的维护与落实。多数县域公益组织由于成立时间不长、创始人对公益专业化认知水平不高等因素的影响，比较倾向于垂直化的、直接管理的组织结构，组织的规章制度不健全、内容不规范、执行管理欠缺工具等现象比较常见。主要表现为：

第一，组织的规章制度不健全、不完整。很多县域公益组织缺乏制定规章制度的知识与能力，往往只能制定少数常规的规章制度，这些规章制度对组织管理事项的覆盖面不全且内容不够规范。

第二，县域公益组织已有的规章制度在实际工作中并未得到贯彻执行。很多县域公益组织缺乏对规章制度执行管理的重视，组织负责人在组织管理过程中采用垂直化的管理方式，已有的规章制度在实际工作中并未发挥实际作用。多数县域公益组织负责人在被问到有哪些规章制度时，一般只能回答出用章管理制度、财务管理制度、志愿者管理制度或会员管理制度等常用制度，其他的组织管理制度就很难表述出来了。此外，县域公益组织已有的规章制度也不够完整和规范，有 47.1%的组织只制定了部分的制度或者部分内容。

北京七悦社会公益服务中心 2022 年对“善才种子”项目的 75 家县域公益组织进行评估后指出，县域公益组织财务管理、项目管理和基础档案保存、组织治理和团队建设等方面的现实运作情况如下：第一，在财务管理方面，有 29%的组织有明显的短板，具体表现为缺乏财务管理的意识、对于民非会计制度不熟悉，或是缺乏财务管理制度或报销流程。有 45%的组织有基础的财务管理制度，但是在有些具体操作方面难以把握，仍有一定提升改进空间；第二，在项目管理和基础档案管理方面，有 25%的组织明显薄弱，具体表现为缺乏基础材料存档的意识，没有必要的服务过程记录，或是记录规范性弱，个别组织缺乏完整的服务方案。56%的组织有基础的服务表单或套表；第三，在组织治理和团队建设方面，约有 21%的组织面临较大实际运作挑战，例如团队内部权责不清晰、除了发起人外缺乏骨干成员、团队内部发展理念不一致或存在负面事件，62%的组织形成了基本的管理制度，团队内部有一定的组织架构和分工。

综上，相当一部分县域公益组织在组织规范性方面是比较薄弱的，尤其是一些由草根志愿者、义工团队成长起来的公益组织，主要负责人往往不具备规范性方面的相应意识、知识和能力。

（三）组织架构问题

组织架构是表明组织各个部分排列顺序、空间位置、互动联系状态的一个模式和框架。在管理工作中，健全的组织架构能在组织内部对工作任务进行分工、分组和协调，能进行分工协作，凝聚组织成员共同朝向组织目标而努力奋斗。一般来讲公益组织的组织架构应该包括决策层、管理层和执行操作层三个构成部分。但县域公益组织的组织架构建设一般是很不到位的。具体表现为：

第一，对组织架构的重视度不够。很多县域公益组织只是按照章程的要求简单设置了组织架构，没有意识到一个科学的组织架构对于组织发展的重要性。SH 义工协会是个典型的例子，该协会的会长在访谈时明确表示："我们组织是按部门设置的，组织设有秘书处、外联处、人力资源部(理想状态下的会员管理部)、后勤物资部、宣传策划部、文艺部、财务部，但这些都是理想状态下的，与实际有一定出入。部门确实实际存在，但最多只是有个部门职责，实际上多个部门总共就只有一个人。这也许是我们以后要追求的组织架构状态，但其实现在并没有什么用，主要是按部门上墙比较好看，尤其是领导来看的时候。"（SH 义工协会会长 Z 老师）

第二，组织架构上各部门的职责模糊不清。县域公益组织的组织架构上设置了理事会、监事会、秘书处、项目组等部门，但在实际治理中又往往采取无层级的部门关系。同时，县域公益组织的成员在组织内往往身兼数职，组织架构上的职责边界更为模糊了。很多县域公益组织没有清晰的部门职责与权力规定，比如有负责人表示自己的职责就是解决所有下级解决不了的问题，对具体职责是什么就没有清晰的界定。RA 社会工作服务中心就是一个很好的案例，该组织有三位按章程规定产生的理事会成员，但有四五十个写在章程里、挂在墙上名单上的理事会成员，组织负责人称这些成员都是微信群里的骨干志愿者，平常组织有活动就在群里和这些理事会成员商讨，没有活动的话，一般也就没什么联系。另外，大部分县域公益组织具有决策权的常务理事有 5 人左右，但理事会成员一般都会设置 20 个人左右。

第三，组织内部权力不对等，内部监督“缺位”。一般来讲，一个组织的治理架构应该包括权力机构、决策机构、执行机构和监督机构四部分。大部分县域公益组织的权力机构与决策机构混为一体，四个机构作用发挥的大小不一致，监督机构缺位尤其明显。

（四）组织能力建设方面的困境

1. 服务供给能力不够

公益组织的服务供给能力是指公益组织在专业伦理、组织宗旨的指导下，通过专业的人员以专业的技术向服务的群体提供服务的一种能力。县域公益组织受人才困境的影响，服务供给能力不足，服务质量较低。公益组织的服务供给能力的核心，取决于专业人员，是与工作人员的职业素质、专业经验、专业技能等密切相关的。县域公益组织往往面临着严重的人才困境，表现为招不到专业人才、留不住有用的人才、组织成员的年龄结构偏老化等，还有很多县域公益组织的专职人员是全职的家庭主妇、退休的工作人员、体制内兼职的工作人员或非社会服务类专业的实习学生等。这些人员大多缺乏社会服务的通识教育或专门技能，甚至有些人员的文化水平还比较低。在人员录用后，县域公益组织还缺乏专门的岗前培训，组织中人员的工作带有很强的自我经验性与自我情感体验性，情感性服务多于理性服务。以上人力资源的情况使得组织能够提供服务的能力受限。

2. 资源获取能力有限

“任何一个组织都不可能自给自足地实现自身所需要的资源，组织生存的关键就是获取和维持资源的能力”①。公益组织因为其非营利性、公益性等组织特征决定了组织的资源依赖性。组织所需的资源通常包括资金、人才、项目、物资、信息等。县域公益组织通常都会有组织资源不足的问题。正如 RZ 社工服务站负责人 B 老师在访谈时说的：“我们组织内部建设进程缓慢，团队服务能力和稳定性需要提升。受限于时间、资金以及人才素质等因素，组织自身能力弱，导致组织的组织架构、规章制度、工作流程等内部治理工作还不够完善，欠缺协调能力和资源整合能力。”（RZ 社

① ［美］杰弗里·菲佛，杰勒尔德·R. 萨兰基克．组织的外部控制——对组织资源依赖的分析［M］．闫蕊，译．北京：东方出版社，2006：37.

工服务站负责人B老师）

资源不足的问题主要表现在两个方面：一是县域所拥有的资源本身就有限，原有的资源满足不了日益增长的公益组织的需求；二是县域公益组织在资源获取能力上存在问题，表现为县域公益组织资源获取的理论知识不足，在政府资源为主导的情况下等、靠、要的思想还比较严重，缺乏资源获取锻炼等，总体来说，组织的筹资能力和资源整合能力比较差。另外，组织的基础设施缺乏保障，表现在县域公益组织缺乏运营需要的基本办公场地、办公设备、专职人员等方面。

3. 项目运作能力普遍较差

项目是公益组织生存的核心，但由于缺乏专业知识等原因，许多公益组织没有项目的概念，普遍存在“把活动当项目，把产出当成果”的现象。大多数县域公益组织的服务缺乏项目化概念和项目化服务的意识，服务停留在搞活动的层次。他们认为只要活动有很多人参加，搞得热热闹闹，或是把资金、慰问品送到服务对象家中就算是在做项目，就是公益组织最好的服务了。

随着政府购买服务的力度加大，很多县域公益组织纷纷参与政府购买服务，可很多县域公益组织头疼于如何写项目方案书，如何申请项目，如何做项目。还有很多县域公益组织把项目申请成功视作项目成功的标志，可在执行项目过程中不知道什么是项目管理、如何进行项目管理，甚至连项目怎么做也不清楚，对项目执行结束后的评估要求更是不清楚。总的来说，县域公益组织在项目设计、立项、执行、管理、后续运作等各方面的能力都有待提升。

根据北京七悦社会公益服务中心团队对“善才种子”项目招募阶段的调研访谈资料可知，“大约77%的组织在项目实务操作方面有较为明显的专业性发展需求，例如，组织认为自身缺乏专业人才，对于具体服务问题的解决缺乏技术手法；约有10%的组织将未来发展或服务仍主要定位于基础的物资或善款捐赠，较为看重资源动员能力的提升，对于服务专业性提升的需求表达不明显。”

4. 团队建设能力较弱

县域公益组织在团队管理方面出现了认知不够、理念不清、知识不足、行动力有限的问题。随着政府购买社会组织服务的力度加大，社会对县域公益组织提出了更高的要求。很多县域公益组织主动或被动转型，从义工协会转变为义工与社会工作者双工并存的组织形态。在这一转型过程中，团队管理跟不上政府购买服务或者职业化、专业化发展的要求，组织建设出现了新的挑战。比如，部分老义工对转型后的组织内的社工领工资，表现出不能接受甚至明确反对的态度，对于组织转型走职业化、规范化、专业化道路也不理解，经常有人反对。

由于组织内社工与义工文化水平参差不齐、成员间的年龄有较大差距等，在工作过程中经常会出现组织成员的冲突问题。团队管理在这一过程中至关重要。但是，很多县域公益组织的负责人不知道如何应对这些变化。LC 义工协会就出现了这一困境。该机构是社团组织，随着义工协会从松散型社团组织向更具组织化和专业化的社团组织发展后，协会工作的需要产生了唯一受薪的专职人员，领导班子也实现了年轻化，这之后，团队因为理念的矛盾产生了多次冲突，组织产生了较大的裂痕。该协会唯一的专职人员说：“从上次领导班子换届以后，我们团队内部就出现了非常多的不和谐声音，老年义工大多为‘50 后’‘60 后’，他们大多数文化水平都比较低，思想观念也停留在以前，比较固执，对我这个专职义工拿工资不理解，并认为既然我拿了工资，那团队的所有事情都应该交给我，他们不支持我的工作，并鼓动其他义工不要配合我的工作。”（LC 义工协会全职 W 老师）这样的情况其实是组织的团队管理与团队建设不到位的问题。

对 8 家初创期县域公益组织的调查结果也表明，大多的公益性社会服务组织缺少专职人员，对人力资源管理的意识与方法都处于较低水平。即使是有较长发展时间的团属社工组织，也因为过于依赖团委的支持，缺乏基本的管理意识，组织无法独自有效地承担组织传播、公益行动、社会筹资、组织发展、社会合作等错综复杂的公益实践任务。

二、组织发展的外部困扰

社会组织的外部是一个复杂的社会系统，外部环境一般可以分为政治环境、经济环境、社会环境和文化环境四大类，也可以分为微观、中观、宏观三个层次。县域公益组织在外部环境上有很多的发展困扰，主要体现在以下几个方面。

（一）政府系统的支持不到位

政府系统的支持总体来看是在不断进步的，例如，福建省社会组织的生存环境在逐步改善，主要表现在：第一，社会组织政策法规数量不断增加，为社会组织的发展营造了一个良好的法制环境。截至2023年，福建省民政厅社会组织管理局官方网站上可检索到的、直接关于社会组织相关的政策、法规、办法、规定、条例及通知等信息共有58条，以“社会团体”、“民办非企业”与“基金会”分别进行检索，检索到的信息分别为46条、8条和4条①。在30年的时间里，福建省社会组织政策法规每年的发布数量由个位数转变为十位数。第二，政府扎实有序地推进社会组织的发展。福建省政府不断加大政府购买服务的资金投入力度、启动社会组织信息化建设、加强社会组织能力建设培训、扩大社会组织宣传、注重社会组织日常管理等。

虽然政策支持不断扩大，但也还是存在需要改善的环境问题：

一方面，地方性支持政策较为落后。政府购买服务的文件多，但执行起来的难度较大。比如，搜索地方政府网站的社会工作的词条，总量少，多是一些社工活动的报道，而有关社会工作培育的事项则极少。另一方面，政府对社会组织的作用认识还是不深，往往会有所排斥。比如，某个县的社会组织负责人的遭遇：

“刚开始我去政府部门注册社工组织的时候，就非常不受工作人员的待见，觉得我增添了他们的工作负担；还有的对我成立这个组织充满了质疑，说我好好的工作不做，跑到小县城做这个，肯定有什么别的用意。而

① 数据来源：福建省民政厅社会组织管理局，http：//mzt. fujian. gov. cn/mgj/flfg/.

且当时县城里也没有什么支持社会工作发展的政策文件，我一个人特别孤立无援，也没有什么项目和活动，组织发展的环境非常恶劣，当时连生存下去都是一个问题，都是我自己到农村组织一些活动，用行动来证明我的选择，慢慢地他们才对我有了一些改观。”（RH 社工服务站负责人 J 老师）

虽然各地政府也出台了培育发展社会组织的相关政策文件，但支持县域公益组织培育发展的政策还是比较少。2009 年 10 月，民政部发布了《关于促进民办社会工作组织发展的通知》，各个省市后继出台了相关的地方性文件。但不同地区政府对发展民办社工组织重要性的认识是不同的，调查发现，欠发达地区的地方政府对于促进发展民办社工组织的热情还是比较弱一点的。由于经济条件的制约及认知水平的限制，政府暂时也没有能力为公益组织的发展提供足够多的资源与机会。

（二）县域现代公益文化的发展滞后

公益文化是一种软实力，就像公益组织的使命一样，对公益文化的认同感具有凝聚作用。中国的公益慈善虽然有很长的历史，但把公益慈善作为一份职业或事业的公益组织的存在，却是一个比较新鲜的事物。就传统公益文化而言，一提起公益慈善事业，大家都觉得这是企业家、有钱人的事情，就会想到“穷则独善其身，达则兼济天下”，或者想到的是公益慈善就是做些施舍、救济、帮衬等事项。现代公益文化一直没有大众化，县域民众对现代公益文化的理解存在一定的偏差，大多数的认知还停留在传统的救助慈善层面。

（三）社会认知度与认可度相对较低

县域现代公益文化滞后带来的后果，是县域民众对县域公益组织的信任度很难提高。信任的缺失，导致社会给予公益组织的资金、志愿服务等方面的支持就比较少。另外，近些年一些公益组织暴露出的负面信息，也加深了社会对公益组织的误解。加上一些公益组织发起人对非营利组织的认识不清晰、解释不清楚，甚至有部分公益组织的发起人企图依赖公益组织谋取私利的现象依然存在，使公益组织与现代公益文化的认同度更难提升，由此带来的是公益组织容易失去社会公众的信任、容易遭受各种质疑，社会学意义上的公益组织“合法性”建构，过程依然漫长。

作为近年来才出现的职业化的县域公益组织，县域公众的认可度就更低了。目前县域政府部门、社会公众及新闻媒体对县域公益组织的组织使命、组织架构、组织业务范围等，都没有清晰的认知，也不重视。县域公众也没有认识到县域公益组织开展的社会活动及提供的专业服务对于地区发展和满足老百姓的需求所能发挥的积极作用。也正因为如此，县域公益组织也很难得到来自相关政府部门和社会力量的大力支持。

三、组织与外部环境互动的困境

（一）与政府部门的互动水平不高

在行政主导型的国家，政府掌握了主要的资源。在此种环境下的公益组织，是政府力量的重要补充。公益组织要想发挥自身的功能，就需要积极地与政府进行良性互动。福建省内的公益组织与政府部门互动较多，但县域公益组织与政府的互动及形成的关系并不理想。

首先，部分地方政府的工作人员对县域公益组织的角色与定位的认知不足。有的地方政府的社会组织管理人员会认为公益组织与政府之间是隶属的关系，而有些地方政府的社会组织管理人员对公益组织则几乎不了解，还有些地方政府部门的工作人员只有在需要社会力量协助完成任务时才找上公益组织，平常则不给予培育支持。

其次，地方政府对公益组织的支持也是不够的。有的提供了办公场地或给了少许的资金支持，但更多的地方支持不到位。甚至有的公益组织上级业务主管单位，没有给到任何支持。一方面是缺少关于公益组织发展的政策文件解读，另一方面是缺少对公益组织的系统性认知，获得的公益组织的资讯也很少。地方政府对于公益组织认知不充分和支持不给力的情况，限制了县域公益组织的发展。县域公益组织与政府的互动出现了两种比较常见的情况：一是公益组织接受了组织法人工具性替代的角色，对政府有着绝对的依赖性，公益组织丧失了主体性；二是公益组织在与地方政府打交道的过程中，认为政府给予的支持少，且要求多，于是尽量回避与政府部门的接触。不管公益组织是主动还是被动与地方政府进行互动，这类互动的过程都是非良性的。有不少公益组织的负责人对这种互动有深刻的认知，比如SH义工协会会长Z老师这样回答访谈者：“当地政府认为我们义工就是免费的劳动力，有事情的时候就会找我们，但是从来没有给过任何关怀，政府也没有购买过我们的服务，没有事情的时候对我们就像踢皮球一样；有业务联系的残联会更关注本地另外一家协会，但残联没有资源，也非常形式化；上级单位文明办的观念还停留在以前，现在稍微好一点，有给我们提供场地，但是没有提供资金支持。”（SH义工协会会长Z老师）

（二）公益行业间的互动不多

福建省县域公益组织受地域等因素的影响，公益行业之间的互动不够。虽然福建省内提供了一些公益组织交流的平台，如福建省公益慈善年会、“善行八闽——海峡公益慈善项目大赛”“福建公益沙龙”“福建公益6·18”等，初步形成了“地方的公益圈子”，但这远远不够，日常互动是缺少平台的。另外，由于县域公益组织分布在各个不同的县域，每个县域的社会组织发展政策、公益生态、人文环境等有一定的差异，因此社会团体与基金会、社会团体与社会服务机构、社会服务机构与基金会及同一类型的社会组织之间的互动不够。具体来说，表现在同一个县的公益组织会因为地方资源紧张，彼此在资金、志愿者等资源上存在竞争而放弃互动，甚至产生较为激烈的矛盾。跨县域的公益组织因缺乏地域性互动交流的平台而导致同一种类型的公益组织不了解彼此在做什么的窘况。不同类型的公益组织之间也缺乏交流，如社会团体类的社会组织缺乏专业能力，但很少去向较为专业的社会服务机构寻求帮助，社会服务机构缺乏项目与资金，却很少主动去了解或者没有渠道了解基金会的资助计划。总体看，公益组织行业间的互动较少，有的是因为存在竞争关系，有的是因为地域差异问题，还有的是缺乏互动的平台。可以看出，公益组织行业给予的支持不足是因为县域公益组织间缺乏良性的互动关系。

（三）与社会力量的互动不够

与公益组织密切关联的外部社会力量有企业、媒体、社会公众等。一般而言，公益组织的经费来源，有政府资助、企业捐赠、社会捐赠、经营性收费、会员收费等五大渠道。县域公益组织的生存，离不开组织生存的环境，要生存就意味着要与多种社会力量互动、要获得多种社会力量的支持。但目前来看，公益组织大多严重依赖政府资源，特别是在政府资源比较充足、大量购买社会服务的背景下，许多县域公益组织主要与政府部门互动，而与其他社会力量则互动不多，互动的方式也不大对。具体表现在如下几方面。

1. 与县域企业的互动不多

虽然有些县域公益组织注重与企业的互动，但或许是处于不同的领域原因，两类组织之间的认识不够、互动不多。公益组织在与企业互动的过程中，可能是没能理解企业与社会组织互动的动机，因此在与企业互动的过程中往往只注重向对方做情怀和爱心的宣传，忽视企业做公益慈善行为的动机，或者误以为企业做社会活动都是企业市场营销行为，于是往往以为只要在活动的横幅上打上捐赠企业的名称就可以了，以为就是向企业做好了交代。对企业动机的理解不全面，当然做不好与企业的沟通工作。

2. 与新闻媒体的互动方式不正确

很多县域公益组织能意识到做宣传的重要性，会想办法与当地媒体接触。一般地，县域公益组织主要采取投稿、请求报道、私人接触等方式与媒体进行接触。有时，在做大型活动时会想办法邀请媒体参与。不过，目前来看，大部分的县域公益组织对媒体工作的特点理解不全面，无法准确地理解媒体方的需求，也没有做让媒体理解公益组织活动的内涵与性质的工作，说不清公益活动与社会治理、社会服务之间的关系，提供的服务活动信息没办法吸引媒体的关注。于是，大部分县域的新闻媒体对公益组织的宣传不多，对公益组织的支持就有限了。

3. 与县域内公众没有形成良性互动

县域公益组织会与一小部分社会公众互动，这一小部分群众主要是他们的服务对象、捐赠的爱心人士、公益组织成员身边的熟悉人等，除此之外的社会公众很少被拉进公益活动的互动圈。

以上县域公益组织与社会互动中存在的困扰，在北京七悦社会公益服务中心的《县域社会组织互联网筹款模式研究》报告中也有所体现。该报告指出，约13%的县域社会组织存在周边人不理解的挑战，尤其是在面向公众筹款时，31%的组织认为很难向别人解释自己所做的事情，难以获得认同。因此，县域公益组织迫切希望得到外部的资源和支持①。

总的来说，县域公益组织遇到的这些问题与制度、文化等因素密不可分，同时也与组织本身有很大的关系。

第三节　县域公益组织的培育需求

面对这些困境，县域公益组织要发展，就必须要在组织规范化治理、组织服务能力建设以及组织外部环境改善等方面进行干预，需要枢纽型组织的培育服务。具体需求如下所述。

一、组织的规范化治理需求

（一）明确组织使命的需求

德鲁克认为，使命对一个组织发挥的作用非常大，使命能超越个人的能力，提升成员的见解，使人感到能作出独特的贡献②。明确的组织使命对组织及组织成员的发展都是非常重要的。

“我们组织的使命是由组织四人一起经过激烈讨论及结合自身情况最终确定的，使命清晰之后，大家朝着一个目标努力奋进，在明确的使命下工作是令人舒服和快乐的。另一个重要的方面是组织创始人的使命是否和组织的使命一致，大家做公益的初心和使命很重要，如果组织没有明确的使命，大家都是为了自己的利益而工作的话，工作就会很累，就会思考自己到底适不适合做公益。”（XW社会工作服务中心员工小H）

由此可见，县域公益组织急需明晰组织的使命，规划组织的未来。

① 北京七悦社会公益服务中心．县域社会组织互联网筹款模式研究［R］．北京，2022.

② 彼得·德鲁克．非营利组织的管理［M］．北京：机械工业出版社，2009：4.

（二）创办人价值追求转化为组织使命的需求

县域公益组织的创办者往往有强烈的社会责任感，基本上是想为特殊群体伸出援助之手、为困难人群提供解决问题的服务，以此实现个人的人生价值的。但个人的价值追求要转化为组织的使命与愿景，才能推动更多的人一起改变社会。这就需要把创办者的价值追求与社会责任意识，转化为组织的使命与愿景，成为组织的追求。YB 社会工作服务中心的 W 老师是一位由志愿者转型的专职公益人，在谈到当初为何创办这家组织时，就谈道：“我做一线志愿者很多年了，也有过管理志愿者社团的经历。在做志愿者的过程中，深感民间公益组织缺乏筹资、传播和内部治理能力，且由于志愿活动的原因，解决问题的效率低、组织过程很散漫，在项目运作上无法承接政府购买服务，解决社会问题也就更无力了，即便服务项目化，也因没有跟上专业性与专职化的要求而导致效果不佳。根据国家新形势的社工政策与前沿的公益理念，突破与改革势在必行。”（YB 社会工作服务中心负责人 W 老师）

该组织的负责人在认清组织的愿景与使命会给组织带来力量之后，主动与其他成员一起达成共识，把大家的追求上升到组织的追求，把个人的价值追求变成组织的愿景与使命，从而再造了组织，使公益组织获得新力量。因此，成功将组织创办人的价值追求转化成为组织使命是有利的。特别是在组织发展遇到瓶颈的时候，面对困难、面对不理解，组织才能不忘当初的选择，不为外部环境所左右。

（三）组织体系再造的需求

随着组织外部环境的变化，组织定位不合时宜、组织架构与组织行动的不合拍、组织的项目设计与实施能力弱、组织缺少中长期发展规划等状况就成为制约组织发展的障碍了。其中，组织的规范化建设不足是县域公益组织进一步发展的基础性障碍。大多数的公益组织，都会努力使组织的运作合规、合法化，会想对组织进行规范化治理。但由于缺乏专业的指导，缺少规范化治理的参照标准，在规范化建设的道路上显得毫无头绪，有些组织甚至走了很多弯路。

例如RA社会工作服务中心，他们的组织治理就存在不合理的地方。组织架构不清晰，理事会与组织骨干混淆，把理事成员与微信群的骨干群友混为一谈，把组织与微信圈混了，于是形成庞大的、松散的组织体，人员冗杂、无法进行明确的组织分工。当前最重要的是怎样使组织真正的组织化、组织建设规范化，从长远发展的角度考量服务定位，贴合实际规划组织的服务领域。这就需要外部力量的支持与培育，辅导组织者更为规范化地建设组织，以促进组织的发展。

二、获取活动资源的需求

县域公益组织生存与发展的基础，是组织能否筹集到组织活动的资源。有些学者把突破公益组织发展困境的路径聚焦在资金的筹集上，认为需要从多方引入资源，才能破解公益组织的发展瓶颈。资源在组织生存与发展中的地位如此重要，但县域公益组织的资源存量及其资源获取的能力往往都比较差。福建省内公益组织年度总收入普遍不高，大多处于资金匮乏，力求生存的状态，福建省公益组织中年度收入在30万元以下的占比为57.66%，其中有32.43%的组织年度收入低于10万元。所以，在组织资源及资金需求层面，县域公益组织有学习筹资方法、获得更多社会资源以及通过核心和特色公益服务、树立项目品牌、优化项目实践来获取更多的资金支持的需求。这方面的实例很多，如YB社会工作服务中心在访谈中就表达了对资金支持的迫切需要。

"我们组织开展的自助驻校社工项目'YB童心——助困儿童健康成长计划'，服务有171个学生的农民工子弟学校，是在无资助方的情况下开展工作的，项目服务了一年，每周有4节支教课，年服务个案30多个。由于当地公益氛围还不大成熟，资金来源十分单一。组织发展很是吃力，遇到的最大困难是来自组织筹资，组织生存是眼下最大的问题。为了提升运作能力，需要不断的外出学习与联络资源导入保持组织运行，年约需20万元经费，所以筹款是组织今年发展的重中之重，必须要解决组织的生存与项目升级问题。"（YB社会工作服务中心负责人W老师）

三、能力建设的需求

目前，县域公益组织普遍存在组织能力建设弱的问题，主要表现在人力资源紧张、项目服务能力弱、内部制度建设能力差以及组织领导能力弱、专业能力水平低等。因此，需要整合多方资源、多维度增强组织的能力建设。具体的能力建设需要有如下这些。

（一）员工个人能力提升的需求

发展人力资源对一个组织有着至关重要的作用，任何组织都必须发展人力资源。县域公益组织的生存与发展，当然也是需要发展人力资源的。不过，由于没有认识到组织人力资源管理的核心内涵，各组织的负责人大多会抱怨缺钱缺人，认为县城里留不住人才，但对于如何提升现有人员的素质、怎么使现有组织的成员成为组织的人力资源、如何提升现有组织成员的能力却没有概念。实地走访发现，大部分组织的人力资源管理意识与方法都很差，组织工作效率低下、监管不力、社会服务不到位，严重影响了组织发展。因此需要加强人力资源管理，需要给员工提供项目及相关培训的机会。走访XW社会工作服务中心，访谈员工小D关于组织的发展空间、对组织的期望和自己的职业规划等问题时，她的回答说明了这些问题。

问：您的职业规划是什么？

答：能从一线社工转到管理层。

问：您觉得组织有给你提供这样一个发展空间吗？

答：目前组织在做的有三个项目，指标量都很大，组织人手又不够，很多时候没办法想其他的，只能是先做好眼下的事；组织也在慢慢拓展其他的项目，我是希望能做出一个自己的项目，也相信组织是往越来越好的方向发展的。

问：对组织的期望是什么呢？

答：希望能提供给员工更多的培训机会。因为我们的专业也不是学社会工作的，在做活动和写材料的时候都很不专业、不规范，但是我们自己又不知道怎么办，所以特别需要有专业人士进行督导，最好能够陪伴我们成长。

（访谈对象：XW 社会工作服务中心小 D）

（二）组织能力提升的需求

1. 提升项目管理能力的需求

对县域公益组织实地走访的结果来看，各县域公益组织对项目管理的需求很高，主要的需求是项目的设计与实施、项目管理操作手法与工具的需求。县域一级的民办社工组织没有受过社会服务项目管理方面的培训，虽然有些组织接触过一些课程，但是系统性不足，缺少工具性与技能型的相关知识，这些都会影响项目的落地及组织效能。针对县域公益组织项目管理能力低的情况，就需要加强县域公益组织的管理知识培训。因此，县域公益组织希望通过培育获得学习和交流的机会，并得到专家指导，提升组织管理的水平。也期望通过培育以求获取资源共享的平台，进行项目对接，提高服务水平。

2. 提升领导能力的需求

领导者的能力和个人魅力对一个组织的发展是有重要作用的。领导者的思维对组织的发展有着很大的影响，有些组织的领导者思想较为开放，主张组织走出去，能不断引进和链接外部的资源，积极参加各种活动和项目宣传组织。有些组织领导者思想较为传统和保守，虽然他们所做的活动和工作并不少，但是缺少创新精神，没有打造自己的项目品牌，和政府以及外部其他组织的联系少，得到的支持较少，组织生存与发展的态势都比较差。

对福建省公益从业人员的调查发现，公益从业人员中 41 岁以上的从业人员占比达 30%，19～25 岁的从业人员占比为 22.33%，呈杠铃状结构。访谈发现，县域公益组织的一部分组织领导者及骨干员工整体年龄偏大，学习和接受新事物的能力差，会出现对于组织整体情况和组织外部环境把握不准的情况。另外还有一部分组织负责人过于年轻，缺乏管理经验，在决策方面没有独立判断的能力。

针对以上这些组织领导者领导能力弱的问题，需要对组织领导者进行集中培训、开展交流分享会以及主题工作坊等方式，传授公益组织管理的理论知识，也需要邀请专业督导老师进行实地督导，帮助组织领导者理清发展思维，提升领导能力。

3. 提升专业服务能力的需求

许多县域公益组织提供的服务与普通志愿组织提供的服务没有太大的区别。组织工作人员对公益服务的理解存在偏差，欠缺相应的专业知识理念和方法技术。在他们看来公益服务就是开展各项志愿活动，并没有专业性。因此，需要从理论和实践两方面着手提升组织中员工的专业服务能力，为服务对象提供更专业和优质的服务。在理论方面，需要通过开展相应课程培训和小组活动示范课程，教授公益服务的专业知识，学习活动带领技巧；在实践层面，需要协助组织申报项目，指导组织设计与开展项目活动。

四、内部制度建设的需求

全面规范的内部制度对于县域公益组织来说很重要。因为在组织发展的初创期，单纯依靠组织负责人自己的力量，或者仅凭员工们的热情和爱心去工作是不现实的，一定要有制度的约束和推动，才能避免组织陷于杂乱无章、毫无秩序的局面并且形成一股合力。因此，需要通过对公益组织内部制度建设，来保障组织建设有序推进，做到有制度可依、有规范可循，提高组织执行能力，实现组织决策的有效性和科学性。

“目前，组织最需要解决的是团队管理和服务能力的整体提升工作，要细化团队的内部分工，加强团队协作能力，提高服务效率。因此，我们需要从组织运作管理、财务管理、项目策划执行、专业服务能力、人力资源管理等方面提升团队成员的工作能力。需要获得外部支持，实现组织内部治理和对外服务能力的双提升，同时改善组织发展基础设施，优化办公环境。”（RZ 社工服务站负责人 B 老师）

五、外在环境改善的需求

县域公益组织生存的环境，影响着县域公益组织的生存与发展。在环境方面，存在着以下这些方面的问题与解决的需求。

一是资源方面的问题与解决需求。由于环境的闭塞性，部分组织对外交流较少，获取资源和信息的渠道不足，常常表现为想做事，但是没有资源和项目，开展的活动比较单一。县域公益组织之间缺乏交流和合作，同时来自外界各方的支持和资源比较少和零散。为了突破外在环境的限制，他们需要进行培育和支持，整合可利用的社会资源，建立微信交流群和经验分享群，分享最新的政策信息、活动经验、项目案例，促进资源的流动。

二是政府的支持需求。随着我国经济水平和人民生活水平的不断提升，社会治理需求呈现增长和拓展的趋势，城乡差异逐渐缩小，基层社区治理与社会组织的社会参与度不断提高。一些地区的政策要求当地的社会组织发挥社会服务重要力量的作用，承接相关的地方性活动。但是，县级区域的民间公益组织的规模都比较小、发展很不稳定、依附性很强，很难完美地承担起政府转移出来的任务。这就需要做强公益组织，使公益组织能够完成作为第三种力量的作用。做大做强县域公益组织，需要地方政府的政策性和资源性支持。但政府不可能为县域公益组织提供培育方案、实施具体的培育活动，这就需要相关力量的介入，协同各方力量一起培育公益组织。

"我们县政策支持力度有限，对组织资源链接和整合能力提升有非常大影响。我们组织成立将近 3 年的时间，虽然章程中有明确捐赠是资金来源的重要方面，但目前组织迟迟未能申请到捐赠发票，导致捐赠资金来源少，连续性和自由度低，组织的基础建设和内部治理能力提升都受到严重影响。基于外部发展环境存在的不确定性，我们需要获得地方性政策的支持，并争取到主管部门支持。"（RZ 社工服务站 B 老师）

第三章

县域公益组织培育的方案

第一节　方案的理论基础

一、公益组织培育研究的理论成果

（一）国外公益组织的培育路径

国外的非营利组织研究，相当于我们进行的公益组织研究。他们对非营利组织培育路径的研究就是公益组织培育路径的研究。

美国的非营利组织是具有重要经济实力和社会影响力的“独立部门”，与政府、企业形成了“三足鼎立”的局面。美国非营利组织的发展离不开政府的扶持，政府通过给予免税、资金支持等路径，对非营利组织进行培育。非营利组织在美国经过几百年的发展，政府已经建立起了一整套对非营利组织的管理、扶持和监督的体系。雷文艳的研究揭示，美国的非营利组织已经形成了全美非营利组织协会（NCN）、各州非营利组织协会、非营利组织（NPO）的三级体系，非营利组织协会总部会为各州的非营利组织协会提供宣传与游说的培训与工具包、提供关于和政策制定者沟通的培训和平台，提供各州甚至全国非营利组织沟通的平台等有价值的服务，同时还为初创期的草根非营利组织提供物质资源和项目支持①。英国的慈善组织与政府建立了良好的合作关系，世界上第一个关于民间公益组织的法规就是英国颁发的。英国政府每年会通过资金资助来扶持慈善组织和慈善事业的发展，还会同慈善组织签订《政府与志愿及社区组织合作框架协议》等支持性合约。日本最早的非营利组织是自上而下推动、扶持建立的，政府颁布了很多针对非营利组织规范和管理的法律文件，非营利组织有很浓厚的官方色彩，对政府各方面依赖性很强，是政府的“跑腿”。

---

① 雷文艳．美国现代非营利性组织孵化器的发展现状及启示——以美国非营利性组织协会（NCN）为例［J］．中国社会组织，2013（11）：52-54.

(二) 国内公益组织的培育路径

国内学者对包括公益组织在内的社会组织的培育研究，主要集中在社会组织培育意义、培育模式与机制、现有社会组织培育存在的问题等方面。

1. 公益组织培育模式与机制

公益组织培育的实践类型，可以总结为三种模式。张宝娟基于江苏省公益组织培育的实例，总结出培育公益组织有政府主导、民间自发和政社联动三种模式①。许芸基于南京市的实际情况，总结出社会组织培育的政府直接培育、政社合作培育和社会参与培育三种典型模式②。邓国胜总结出在行政主导下我国对慈善组织的培育方法，有民政部门主导、基层政府主导、业务主管或专门机构主导三种模式③。张海总结出我国有行政式培育、拟社会式培育和社会式培育三种典型的社会组织培育模式④。蒋红艳把社会组织培育模式分为政府力量主导模式、社会组织主导模式及政府和社会组织合作模式⑤。许小玲等人把我国社会组织的培育模式分为政府主导培育模式、官民合作培育模式和社会组织主导模式三种⑥。甄骁龙把社会组织的培育方式分为了政府主导型、社会组织主导型和政府与基金会合作型三种模式⑦。

以上不同研究者提出的三种模式，内容大同小异，虽然培育主体或者培育媒介的名称各有侧重，但基本上分为政府、社会服务组织、基金会等三类机构。由三类机构提供培育服务，形成三种所谓的培育模式。三种模

---

① 张宝娟．公益性社会组织培育发展研究——基于江苏省的实证分析［J］．社团管理研究，2012（3）：18-22.

② 许芸．社会组织培育的历史逻辑和当今实践——基于南京地区的例证［M］．南京：南京大学出版社，2016：12

③ 邓国胜．慈善组织培育与发展的政策思考［J］．社会科学研究，2006（5）：119-123.

④ 张海．我国社会组织培育模式的历史演变及发展趋势［J］．湖北社会科学，2015（10）：52-60.

⑤ 蒋红艳．与政府合作培育模式下社会组织的发展［D］．南京师范大学，2014.

⑥ 许小玲，马贵侠．社会组织培育：动因、困境及前瞻［J］．理论与改革，2013（5）：39-43.

⑦ 甄骁龙．社会组织培育模式研究——以三个培育机构为例［D］．南京大学，2012（5）.

式中，由于培育力度、管理模式等发生变化，有研究者还认为以公募基金会作为媒介的类公益孵化器和准政社综合培育模式将是草根公益组织培育的新趋势①。

2. 公益组织培育机制

公益组织培育的机制是要随着环境的变动而变动的，提供培育服务的机构要进行培育机制的创新，创新的机制有不少。

有学者认为公益孵化器是公益组织的培育新机制②，也有学者认为公益创投是社会组织培育发展的创新机制③。玉苗认为不同培育机构要同时进行变革，其中政府主要是给予政策支持、购买服务、现金补贴、项目委托和提供免费的公共资源等，基金会主要是通过项目资助的方式给予资金支持、开展一些能力建设方面的培训，企业主要是通过直接捐赠公益组织的活动或项目的方式给予资金支持，支持性社会组织则主要是提供能力培训、信息与咨询服务④。邓国胜提出政府要为社会组织的发展提供政策空间、资金支持、人才发展支持和网络与信息平台支持⑤。杨丹认为政府要给予初创期的公益慈善组织建立孵化基地和提供“生存”的基本保障、采取多样化的资助方式来增加资助和强化初期各项培训⑥。李芳谈论了枢纽型社会组织对民间公益组织的培育主要是支持其取得合法地位、协助进行能力建设、建立信息与公开交流平台和协助进行资源整合⑦。

综合以上内容可以发现，学者们试图想要弄清公益组织孵化和培育的模式，研究聚焦于如何有效地扶持和培育公益组织。从上述研究来看，公

---

① 玉苗．准政社合作：草根公益组织培育方式的新探索——基于西部 A 省的实践［J］．学会，2013（10）：24-33.

② 吴津，毛力熊．公益组织培育新机制——公益组织孵化器研究［J］．兰州学刊，2011（06）：46-53.

③ 岳金柱．“公益创投”：社会组织培育发展的创新模式［J］．社团管理研究，2010（4）：12-15.

④ 玉苗．草根公益组织培育实践的分析［J］．社团管理研究，2012（8）：28-32.

⑤ 邓国胜．中国草根 NGO 发展的现状与障碍［J］．社会观察，2010（5）：12-13.

⑥ 杨丹．浅论处于初创期的草根公益慈善组织的政府扶助方式［J］．今日中国论坛，2013（21）：17-18.

⑦ 李芳．枢纽型社会组织与民间公益组织的培育［J］．东方论坛，2014（4）：75-82.

益组织培育模式与机制可以概括为三种：一是政府力量为主导的模式，研究政府通过公益创投培育社会组织的比较多；二是社会组织为主导的模式，主要以公益组织培育孵化器、基金会、社会工作协会、社会组织服务中心等枢纽型社会组织对公益组织的培育；三是介于两者的中间过渡型，政府与社会组织合作、政府主办，社会运营、官方主办，民间运营等，虽然名称不一样，但都是两种主流模式下的中间过渡。也有学者把市场考虑在内，提出了政府、社会和市场三者融合的培育模式①。

二、培育方案设计的理论基础

（一）生态系统视角

生态系统视角兴起于20世纪70年代，它是结合了一般系统理论和生态理论而发展出的一种综融性的理论视角。作为一种整合、综融的视角，其核心概念包括生命周期、人际关联、能力、角色、地位与栖息地、适应力等。其主要观点有：（1）认为人生来就有与环境和其他人互动的能力，个人能与环境形成良好的调适关系；应当在环境中理解个人的意义；个人遇到的许多问题不完全是个人的原因，环境障碍、个人与环境的互动不足等都可能是原因；（2）认为个人的生活环境包含微观、中观、外在和宏观四个不同层次的系统；（3）认为首先需要对服务对象本身的资源、能力、问题与需求、服务对象与环境的调和度等情况进行评估，其次要从不同系统的角度分析问题和着手干预，干预的目标在于增强个人和群体的能力，最终增进人与环境的调和度②。

生态系统视角有三大模式：关注个人与环境之间交流与转换的生态系统模式、关注个人与环境之间动态适应的生活模式和关注环境中社会结构的生态社会模式③。不同学者的关注点有所不同。吉尔曼（Germain）把焦

---

① 高红，朴贞子．三元整合的社会组织能力培育机制构建及其制度支持［J］．学习与实践，2015（6）：97-104.

② 何雪松．社会工作理论［M］．上海：格致出版社，上海人民出版社，2007：86-91.

③ 童敏．社会工作理论：历史环境下社会服务实践者的声音和智慧［M］．北京：社会科学文献出版社，2019：346.

点放在个人对环境的适应和环境对个人的支持上，关注个人与环境之间的转换，认为时间和空间是生态系统视角的基本要素；布朗芬布伦纳把影响个体的环境分为了微观、中观、外部和宏观四大系统，关注整体系统、不同层次的系统和同一个系统内外的互动；梅耶（Meyer）关注个人与环境之间的转换关系，关系是其关注的核心；Green 认为生态系统包括了生命周期、时间与空间、人际关联与角色、胜任能力与调适、生活中的问题五组核心概念；吉姆·维特克尔引入社会支持网络和增能的概念，强调把个人与环境联结起来，注重提升个人的生活掌控能力，为环境增能，最终实现个人与社会增能的无缝衔接。

（二）组织生命周期理论

生命周期最初是生物学的一个概念，指的是一个事物的出生、成长、衰老、生病和死亡的整个过程[①]，组织的生命周期就是指组织从产生、生长到最后衰落的生命过程。组织生命周期理论最初由美国哈佛大学格林纳教授于 1972 年提出，他认为组织的每一个阶段都是由危机引起的，在经历危机之后组织过渡到下一个阶段，并获得成长，他将组织的发展分为了创造、指令、授权、协调与监督、协作、外部组织解决方案六个阶段[②]。其实，与埃里克森的人格发展八阶段理论一样，组织生命周期理论认为，一个组织的成长和发展需要经历不同的阶段，每个阶段组织面临着不同的问题，有着不同的需求，只有解决组织不同阶段的问题和满足组织不同阶段的需求，组织才能够顺利成长，如果阶段之间的过渡不成功，将会影响组织的健康发展。

根据组织生命周期理论，我国学者将社会组织的生命周期划分为了不同的阶段，提出了三阶段、四阶段、五阶段，甚至六阶段之说。王来宾将社会组织的生命周期划分为探索期、初创期、发展期、成熟期、衰落期和

---

① 马国泉，张品兴，高聚成．新时期新名词大辞典［M］．北京：中国广播电视出版社，1992.

② 朱婷婷．组织生命周期综述［J］．人力资源管理，2016（1）：17-18.

复兴期六个阶段[①]。中国资助者圆桌论坛根据组织成立的时间长短将社会组织分为了初创阶段、成长阶段、影响力规模化阶段、衰退或革新阶段，每个阶段团队特点、业务特点、关键任务都不太一样。强强把社工组织周期分为筹建期、探索与发展期、巩固与转化期，不同周期面临的问题不一样[②]。我们不难发现，学者们其实是根据社会组织成立的时间、组织任务、组织面临的问题等标志，将社会组织的生命期分成了不同的阶段，每个阶段之间都有很明显的阶段标志性特征。参考学者对组织生命周期的分类，我们可以将社会组织的周期分为初创期、成长期、成熟期三个阶段，具体参见表 3-1。

表 3-1　社会组织生命周期

因素	初创期	成长期	成熟期
成立时间	一般 3~5 年以内	一般是 5~10 年以内	一般是 10~20 年
组织规模	规模小	组织业务活动量增加，组织规模扩大	规模比较大且比较稳定
组织使命	有组织使命，但组织宗旨使命不清晰	开始提出明确的目标和方向	关注组织的整体发展目标和中长期规划，思考组织未来的发展方向
组织架构	扁平式的组织架构，多是非正式组织架构；对领导人依赖性强	组织运作开始稳定，开始形成正式的组织架构	开始实行分权式的组织架构
组织制度	有组织制度，但不完整且不规范	对秩序与制度开始有需求，组织制度开始完善且规范	组织制度完善的同时可能出现规章制度烦琐

① 王来宾．基于生命周期的 NGO 领导能力培养模式研究［J］．商场现代化，2012（10）：35-36.

② 强强．生命发展视角看深圳社工组织的发展与管理［C］//中国社会工作协会．第 24 届亚太地区社会工作区域联合会议摘要集．［出版者不详］，2017：2. DOI：10.26914/c. cnkihy. 2017.003028.

续表

因素	初创期	成长期	成熟期
人才	因组织影响力小，自身规模小等，人员流动率大；组织内部人员需相互配合	成员结构趋于稳定，组织内部开始有角色分工	团队人事发生变动
资金	资金来源单一，且资金紧缺	资金逐渐稳定	社会影响力的提高增加了外来资金投入，有足够的资金
工作任务	筹集经费；组织制度建设；界定组织宗旨使命等，这一阶段所有的工作任务都围绕如何帮助组织稳定地生存下去	着手组织制度的规范建设；提升专业服务能力和项目服务绩效，工作任务围绕如何帮助组织过渡，实现成长	明确组织发展方向；明确内部团队管理机制
面临的主要问题	资金紧缺、人员流动、组织治理障碍，总的来说，是组织的生存问题	表现最为明显的是团队管理、组织的项目服务能力问题等	可能出现官僚化、外部竞争压力、组织突发变动等
优势	组织成员热情高、士气高，团队氛围融洽	组织人数增加、组织结构完善、更多资源可以投入，基本脱离生存困境	可能出现独特的团队文化、工作效率明显提高，组织的社会影响力大

注：社会组织的发展阶段不一定按照固定顺序，同时每个阶段所需时间也不固定。

（三）增能理论

增能又称为“赋权”、“增权”和“充权”。1976 年，所罗门出版的《黑人的增能：被压迫社区里的社会工作》一书，揭示了增能在社会工作中的运用，他所提出的“增能”描述的是美国社会中黑人少数民族因长期遭受同辈团体、优势团体与宏观环境的负面评价所感受到深切、全面的无权，建议社会工作的介入应致力于增强黑人民族的权力，以解除社会中的“制度性种族主义”所加诸的压迫与疏离，以增进案主个人的自我效能与社会改革的力量。古铁雷斯认为，增能取向的社会工作实务涉及个人层面

(Individual Level)、人与人之间的层面（Interpersonal Level）和政治层面(Political Level)。国内学者一般将增能社会工作实践分为个体层面、人际交往和社会参与三个层面。增能过程是动态的、不停改变的及进化的。

增能理论应用于县域公益组织培育，可产生以下策略：在个体层面，由于处于初期阶段的县域公益组织有生存和走出困境的需求，但又存在组织能力有限、无法获得相应的资金和人力支持的问题，那就要用相关力量的介入以培育和激发组织发展的潜能。在组织间层面，社会中存在一些不利的因素，例如环境的恶劣和社会的不认同，导致县域公益组织产生无助的负面感，组织容易陷入封闭的状态，没有意识以及不知道如何与他人进行交流，这就需要对他们进行培育以帮助他们获得更多的社会支持。在环境层面，针对县域公益组织发展的政策和制度还不够完善的问题，需要进一步链接资源、搭建平台、倡导优化政策，为县域公益组织的自我适应和自我转变提供必要的前提，为县域公益组织的成长创造环境条件。

第二节　县域公益组织培育的目标

县域公益组织所面临的困境与当前的体制、文化和公益组织自身因素密切相关①。按照生态系统理论的视角，可以从系统内部、系统外部和系统内外部的互动角度看到问题的成因，并因此从组织自身、组织外部环境和组织内外部的互动三个层面介入。基于此策略，需要制订培育的目标。

一、总体目标

基金会设立项目，其类型及目标与基金会自身的宗旨、愿景要一致。福建省同心慈善基金会设立县域公益组织培育的项目，一是要补充政府在该领域治理还存在的空白与不足，为政府分忧以推动社会的发展；二是培育与支持县域公益组织的发展，支持在县域从事公益服务的组织与个人，能够更好地帮助当地的困难群众、保护生态环境等，让有爱的人更懂爱。

① 邓国胜．中国草根 NGO 发展的现状与障碍［J］．社会观察，2010（5）：12-13.

基于支持县域公益组织的基金会的愿景与使命而设立的县域公益组织支持计划的总体目标，是要让已经注册成立、有一定基础的县域公益组织，在遇到发展瓶颈时，能重整组织的规范、制度与结构，能恢复与重建组织的能力，能获得组织激励与组织资源，能从根子上解决生存危机及发展难题。

另外，总体目标对应的是主要问题的解决程度及解决问题后的愿景描述。从前述县域公益组织生存状态与发展瓶颈的情况看，县域公益组织生存与发展的最主要问题，不外乎就是组织的基础建设不牢、组织能力建设的资源不够、组织发展的环境没有优化等，是一个内、外部因素综合作用的结果。

基于以上两方面的考虑，培育与支持县域公益组织的发展，总体目标可以描述为“让县域公益组织有能力应对发展瓶颈、做更规范更有效的公益服务，使更多的社会力量支持县域公益组织的生存与发展”。

二、具体目标

1. 提供组织建设的小微资金，以使被培育的组织能主动建设组织的物质基础。在培育期的两年内，向被培育的县域公益组织提供附条件的项目资金支持、组织发展资金，使组织能继续生存与发展。与此同时，给被培育的组织提供培训课程经费支持，以使被培育的组织有动力、有经费参加系统的培训，并能有小额资金以推进组织的规范化建设。

2. 协助县域公益组织进行组织内部治理，达到内部治理合规化。在1年内，被培育的组织能进行组织的规范化建设，组织治理的结果符合政府对社会组织的合法、合规化要求。其中，组织达到组织要素健全、组织运行规范等程度，其总体的规范性符合社会组织等级评估的3A级标准甚至以上程度。

3. 协助县域公益组织提升组织的外部服务能力，在项目设计、项目管理方面提升到初步专业化的水准。被培育的组织能获得项目开发与设计、资源对接与整合、团队建设等知识与工具，有项目设计能力、项目申请能力、项目活动组织能力、项目总结与梳理能力、主动进行项目评估等项目管理的能力。进一步，要初步形成组织的项目品牌化建设能力，使组织能以所执行的项目或者所能提供的服务向公众筹款，所提供的公益产品具有大众接受度。

4. 改善县域公益组织的环境，促进组织与外界的良性互动。通过建构一个来源于福建省内的、支持家乡公益组织的、认同“家乡的公益家乡人爱”理念的职业公益人团体，使县域公益组织在需要时能够获得组织规范化建设、组织能力建设、组织资源获取能力提升等方面的帮扶。也通过协助公益组织建设县域公益文化，扩大县域公益文化的影响力，营造人人参与、大众支持的公益氛围。

第三节　培育的策略框架

县域公益组织的兴起与发展，是社会积极回应社会问题的一种体现，是一种积极的社会现象。但显然，这些公益组织是否能最终成活并开展有效的公益服务与活动，才是社会有活力的重要判断标准。“判断县域组织是否有活力的标准，不在于其是否有完整的组织的形式，也不在于外界是否给他们提供了多少能力的培训与支持，而在于他们能否依据自己的能力，生产出能换取外界的捐赠或政府购买服务的资金的公益产品。”① 北京师范大学陶传进老师认为，“若形象化地把公益组织的服务当作是公益产品的销售，那么一家公益组织只有拥有具有竞争力的公益产品，并将其销售出去，换取到可持续发展的资金，才是进入了一个良性发展的轨道，县域公益组织才是真正意义上成活了。”不过，在能产生有竞争力的公益产品之前，应当先规范组织的建设、整理好组织内部治理事项、拥有设计与提供服务的能力。

基于此理念，项目意图先给县域公益组织提升能力、规范治理、协助项目品牌打造、整合服务的资源，再协助县域公益组织生产出县域公益市

① 北京七悦社会公益服务中心．县域社会组织筹款模式研究［R］．北京，2022.

场上有价值、能被接受的大众可挑选的公益产品（即把县域公益组织的服务视作是能满足县域内公众或外出的家乡公众可借助实现自己帮助家乡困难群众的价值追求与需要的工具或产品），以此实现帮助县域公益组织解决生存与发展瓶颈问题。为此，既要使用优势视角与生态系统理论培育县域公益组织，还得借鉴社会营销理论，创新县域公益组织培育的理念与方法。

这样，一方面县域公益组织要进行合法化、合规化建设，提升县域公益组织的组织能力、打造县域公益组织的形象；另一方面要协助县域公益组织打造项目品牌，使县域公益组织有外在形象的基础上，能提供有竞争力的、能满足需求的公益产品。为此，根据生态系统理论及优势视角理论提供的思维框架，制定如下策略框架。

一、培育的总体策略框架

项目采用优势视角的增能干预策略框架，把县域公益组织的成长看作是组织生命周期的一段，把县域公益组织的培育看作是因应组织生命周期中遇到问题的外部支持措施，通过激发县域公益组织的内生动力、指引组织按照政策法规进行内部治理、指引公益组织依靠横向比较的需求发挥组织内在优势，以及通过增加组织治理、项目设计、财务规范、人力管理、资源链接等知识与经验，提升县域级公益组织应对地方环境的发展瓶颈。另外，依据生态系统理论，组织内部发展的同时，增加他们的外在支持网络、搭建互助的平台，创建更好的生存与发展的环境，以实现县域公益组织的良性发展。

总的说来，培育策略的总思路是，要根据组织的生命周期特点，采用两年一周期的系统性、结构化、动态性的培育策略为县域公益组织赋能。即在两年内通过公益组织的内部规范化建设、外部生存环境干预及强化组织与外部环境的互动，以应对公益组织发展的瓶颈。总的来说，就是要规范其组织治理及提升资源获取意识以打下合法化生存的根基，提升其项目设计与管理水平及协助其项目品牌化以获得生存能力，协助其与环境间的良性互动以获得发展空间。

主要处理方法如下：

1. 服务过程分类型、分阶段。为贯彻总思路，培育服务要有动态跟进的思维。设立培育开始的“入口处”与培育结果的“出口处”，从入口到出口，构成培育服务的过程。

2. 动态跟进、动态培育。在培育服务的过程中实施三种方式的动态跟踪，分别是“规范化建设达标激励计划”、“项目规范化执行激励计划”和“星级评估”。动态化的成长跟踪服务，一方面是根据组织发展状态给予不同的、定制化的服务，另一方面是持续的关注让被支持组织感受到被陪伴成长的感觉，有需要时能够寻找到资源与支持。要在入口处了解所要培育组织的基本运作情况、组织建设、服务技能和条件等情况；在培育的初期做基本情况的评估，为组织进行诊断，提出改进的建议及改进的陪伴服务；在培育的后期阶段，评估组织的服务能力与组织规范化建设的程度，作出进步和达标情况的评判，输出合法合规、有能力的公益组织形象。这也是对所培育组织进行动态监测的一种手段，是对组织成长跟踪的策略。

3. 不同培育阶段采用不同的措施。对于新进入资助系列的组织，采用优势视角的服务策略，利用组织规范化建设达标激励、参加课程学习支持、提供组织治理课程等资助方法，发掘、培土、灌溉，让“善才种子”生根发芽。经过两年左右的时间，采用优势视角下的增能策略，用项目执行规范引导、举办培训班、举办工作坊、提供组织治理技术支持等资助手段，激励县域公益组织自我创新与规范化建设，提振公益组织发展的信心与能力，助其成长壮大。从知识与能力层面看，就是要规范县域公益组织治理及提升资源获取意识以打下合法化生存的根基，提升其项目设计与管理水平并协助其项目品牌化以获得生存能力，协助其与环境间的良性互动以获得发展空间。

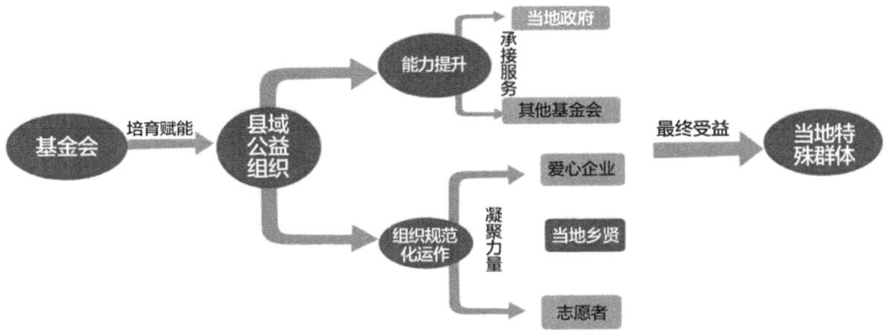

图 3-1　“善才种子”县域公益组织培育的总体策略框架

二、培育的步骤性策略框架

县域公益组织的培育步骤，可以用“三阶四化二力一起走”概括，具体是：规范县域公益组织治理及提升资源获取意识的情况下打下合法化生存的根基，提升其项目设计与管理水平并协助其项目品牌化以获得生存能力，协助其与环境间的良性互动以获得发展空间。由此，形成“三阶”“四化”“二力（生存力与发展力）”“一起走”的资助与培育策略模式。

第一阶，打开被培育组织的视野，激发并提升县域公益组织规范化生存的意识，初步赋能组织，使组织的合法化、合规化建设达到基本要求。采用的策略是组织治理达标激励、组织间互动与互助、资源获取渠道与资源整合知识的学习，等等。

第二阶，挖掘组织发展能力，提升组织服务能力，形塑组织公益形象，采用的策略是提供小额项目资助金、跟进与指导项目设计与执行过程，协助组织进行项目的品牌化、协助组织塑造组织形象。

第三阶，环境改善与善循环，让县域公益组织扎根当地，造福乡梓。采用的策略是以县域公益组织的品牌项目及组织的形象，吸引社会力量关注，激发乡贤或者企业善的意识与支持，把资助的企业与个人变成更多“善”的种子。为此，项目需从环境及其与环境的互动方面给予支持。即建构支持的生态圈，利用与当地社会组织管理部门、社会组织行业协会、支持型社会组织合作的方法，撬动当地社会各界力量支持县域公益组织的发展；要为对家乡公益事业有兴趣的企业、社会组织与县域公益组织搭建桥梁，促进他们对家乡公益组织的了解与智慧支持、项目支持或者资金支持；采用牵手计划，推动全职公益人与家乡公益的对接与交流。

通过三阶培育，实现组织治理合法化、组织服务规范化、服务项目品牌化、区域公益生态化等“四化”目标，增加县域公益组织生存与发展的两种能力，能够跟上公益事业发展的步伐，大家一起走。具体情况可见图3-2。

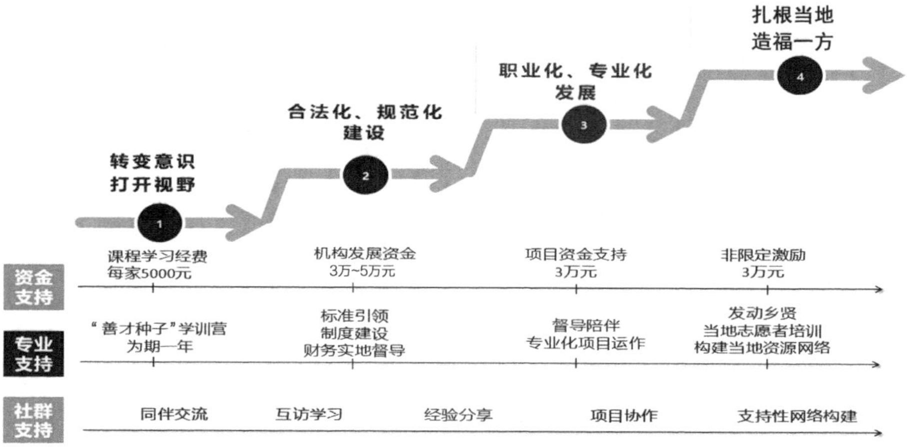

图3-2 “善才种子”县域公益组织培育步骤性策略框架

三、培育行动的措施

（一）优化组织治理

1. 明确优化目标

社会组织治理是指组织通过制度化与非制度化的途径，优化组织结构，创新管理方法，维持组织运行发展，履行宗旨使命和实现长远目标。通过梳理组织使命、调整组织架构、完善规章制度等服务对县域公益组织的组织治理情况进行调整，主要目标有：第一，促使公益组织的管理与国家法律法规、政府政策及组织规章制度的要求保持基本一致，保障公益组织的合法、合规性；第二，协助公益组织完善使命陈述，使组织的使命与愿景陈述更为清晰；第三，协助公益组织进行组织自律与公信力建设，实现公益组织公信力有所提升。

2. 采用兼具内外的优化方法

（1）动力激发

利用小额资金调动县域公益组织对组织治理工作的积极性。大多数公益组织的工作人员忙于日常工作而疏于组织治理，缺乏组织治理的意识和概念。因此，激发县域公益组织对组织治理的重视是优化组织治理工作的第一步。项目团队制订了小额资助方案，即符合条件的县域公益组织可申请一笔小额非限定性资金用于组织建设。同时，为了更好地激励县域公益组织，项目团队还制订了“组织治理达标激励计划”，当规范化组织治理评估达到一定的分数后，给予一次性激励资金。“组织治理规范化达标激励资金”的设置，可以激发组织的内生动力，提升对组织治理重要性的认识，还可以从资金上保障县域公益组织能够顺利推进组织治理活动。

（2）知识赋能

利用主题课程培训提升县域公益组织的组织治理技巧。很多县域公益组织不知道如何开展组织治理工作，缺乏组织治理的知识与技巧，为此，为组织赋能是优化组织治理工作的第二步。项目团队链接了理论知识丰富的高校老师或社会组织治理实务经验丰富的人员，提供配套的社会组织治理的书籍，开设了多次有关社会组织治理的课程培训，课程内容针对的是社会组织治理的重要性、社会组织治理的法律法规政策、社会组织治理的具体内容、组织治理困境的解决措施等。组织治理课程的开设，帮助县域公益组织掌握了组织治理的具体内容和操作技巧，为其开展组织治理工作提供了技术和知识支撑。

（3）治理指引

利用组织治理规范化指引和专业督导为县域公益组织提供有针对性的实务帮扶。考虑到组织治理通识培训可能无法满足县域公益组织的差异化需求，将组织治理知识落实到日常工作中，是实施组织治理优化工作的重要一环。首先，根据社会组织等级评估标准和民办非企业单位规范化建设标准制定县域公益组织适用的组织治理规范化指引，下发给各县域公益组织并要求参照执行，项目团队定期跟进县域公益组织的组织治理情况并按

《星级评估指标表》（见第六章第一节）进行打分，主要关注组织治理进度、组织治理遇到的困难等；其次，项目团队链接专业的督导老师，让督导老师与各县域公益组织牵手结对，各县域公益组织可以就组织治理过程中遇到的问题寻求督导老师支持；此外，针对组织治理中尤为突出的问题，项目团队链接了专业人员深入县域公益组织实地提供一对一指导。在日常工作中协助县域公益组织开展组织治理工作，可以推动县域公益组织的组织治理工作“找准方向，走对路”。

（二）提升组织服务能力

1. 明确提升的目标

社会组织能力是指社会组织有效管理和利用社会资源，为组织本身，为社会中的个人和群体解决问题和实现目标的能力。通过开展能力建设工作，提升组织服务能力，主要目标有：第一，对公益组织本身而言，提升组织解决问题、实现组织目标的综合能力；第二，促进公益组织服务水平和质量的改善，发挥公益组织自身的优势，为社会提供更多数量和更高质量的公益产品与服务。

2. 采用以组织为核心的能力提升措施

（1）培训核心成员

优先培育组织核心骨干成员可以快速提升组织能力。培训是公益组织能力建设中一种最为常用的方法，有针对性设计能力提升的主题课程和区域工作坊，如项目筹款、资源链接、项目管理等，可以快速地使组织骨干拥有组织建设与组织服务的知识。培训可邀请高校老师和一线实务经验丰富的人才，课程可面向公益组织的负责人、关键成员、骨干志愿者等核心成员开放名额，让参与培训的成员掌握能力提升的办法并带回各自的组织进行学习经验分享。通过对公益组织中的核心成员的增能，抓关键少数带普遍多数，可以最大限度地传播学习知识，在一定程度上也可以提升整个组织的能力水平。

（2）倡导同伴互学

推动群体间的互助可以增强组织的力量。生态系统视角下的培育工作强调集体增能，项目团队通过参访游学、朋辈督导、社群营造等方式，让公益组织之间结成同质性的朋辈互助小组或异质性的区域性社群，彼此之间相互学习，汇聚集体力量解决面临的共性问题。发展良好的公益组织可以帮助发展较差的公益组织，实现后进公益组织的转化，不同地区、不同类型的公益组织也可以相互影响、互帮互助，最后实现公益组织的集体增能。

（3）搭建能力提升平台

县域公益组织的能力建设需要在实践中加以巩固。县域公益组织接受了各方面的能力培训后，需要在实践中巩固学习成果。项目团队通过鼓励公益组织申请筹办项目团队的培训课程、申请公益创投项目、鼓励积极参加“99公益日”筹款活动、协助链接项目资源等方式为其搭建能力提升的平台。

（三）建构滋养性环境

1. 建构的目标

滋养性环境指的是有机体或有生命力的系统和其所处的环境间维持着持续且交流的关系。滋养性环境能够在适当的时刻，以适当的方式，给予有机体必要的资源、安全与支持。对公益组织发展的外部环境及两者的互动进行介入，主要有如下目标：第一，让公益组织树立“组织在环境中”的意识，正确认识影响其发展的因素；第二，协助公益组织采取措施改造外部不良环境，发掘外部环境中的滋养性因素，营造公益组织健康发展的外部环境，增强外部环境对公益组织的支持力度；第三，改善公益组织与外部环境的互动状况，实现两者的相互适应和良性发展。

2. 滋养性环境建构的方法

（1）增加环境中的资源投入

增加环境中蕴含的对组织支持的滋养性因子，“蛋糕”公平分配前先把“蛋糕”做大。相对于城市公益组织而言，县域公益组织相对容易被忽视，给到的资源投入相对较少。因此，需要通过社会倡导，呼吁给予县域公益组织更多的关注和支持，当然也可以发挥资源链接者的角色，搭建平台，为县域公益组织争取更多的资源。由此，项目团队不仅嵌入基金会支持的“大地美容”“同心暖春行动”“八闽观影”“火种计划”等项目供组织自主申请，让其在具体服务运作过程积累经验，获得成长，打开视野，而且还会通过社群网络推荐其他外部基金会的项目申报信息，帮助组织拓展行业资源，改善对县域公益组织的支持性环境。

（2）消除环境中的障碍

要降低环境中对组织建设与发展产生不良影响的障碍性因素的数量。针对环境中的障碍，首先需要帮助县域公益组织摸清组织成长环境中的障碍，评估这些障碍对组织的影响，然后协助县域公益组织采取措施，消除这些障碍或者降低这些障碍对组织发展的影响。通过消除环境中的障碍，可以降低环境中的对公益组织不良影响的因素。除此之外，项目团队协助公益组织寻找、挖掘所需资源，增强环境对公益组织发展的支持能力。

（3）建立共同改变的行动系统

为促进被培育县域公益组织的信息与资源在组织之间的交流、促进区域组织生态化发展，项目团队可利用集中培训课后时间的间隙形成组织之间的交流空间，还可通过有意识的团建活动、区域性工作坊和参访游学等方式，搭建组织间的互动与交流平台，形成县域公益组织共同改变的行动系统。项目团队在培训组织代表的过程中，可以鼓励县域公益组织自发组织互动交流会，就不同话题进行分享与讨论。此一行动，一方面参与者可结交公益路上的同行者，分享彼此的经验；另一方面，互相分享资源信息或其他信息，携手发展，建构起公益组织共同改变的行动系统，形成推动公益组织发展的合力。

（4）搭建对话互动的平台

搭建对外交流的平台，增强组织与外部环境的链接。首先，项目团队要鼓励公益组织发挥自身优势，主动走出去与利益相关方对话；其次，项目团队可通过发起“牵手计划”“乡贤计划”“组织座谈会”“培训”等活动，将公益组织与其利益相关方一同引入项目所搭建的平台中，让公益组织与其利益相关方产生联结对话的机会，扩大并增强组织支持网络的广度和强度，提升公益组织与环境对话的能力。

第四章

培育方案的执行过程与结果

到目前为止，“善才种子”县域公益组织支持计划的执行，前后共历经了6年。项目方案先后发生了不同变化，但方案的总体思路变化较少。执行团队按照各阶段设计的方案实施服务活动。从不同的阶段看，项目的实施都有准备阶段、启动阶段、执行阶段、推进阶段和结束阶段。培育方案的执行按照时间维度和“三步走”培育策略推进，总的来说是符合项目管理要求的。另外，由于项目方案设计的不断迭代，项目方案的实施过程可分为前后两个阶段——前三年以探索培育方式为主，后三年以调整模式为主。下面对培育方案的执行过程做概要式描述，并对培育方案的执行结果做简要说明。

第一节 培育方案执行过程

一、推进组织规范化治理的培育阶段

（一）选定培育对象

培育对象的选择有一定的标准及流程。新入选为培育对象的组织，要经过县域公益组织主动申报、项目团队走访调查、专家资料审核等几个环节后，才能确定为资助对象。对于已经资助过一年、组织治理规范化达标后的县域公益组织，不需要再经过一轮筛选的程序，只需要被培育组织提出项目资助申请、督导与专家评估等流程，就可确定资助名单与资助项目。

由于要进入被资助、被培育范围的公益组织需要满足一定的条件，能符合条件的公益组织是有限的。为了获得符合条件的公益组织信息，招募到培育对象，项目团队除了发布资助信息并由县域公益组织主动申请外，还需要通过各级民政系统的信息平台收集县域公益组织的信息，主动邀

约。申请结束后，项目团队通过以下条件对县域公益组织进行第一轮初步资格审查：

1. 福建省内在县（区）级已经注册的公益组织；

2. 组织成员不少于 3 人，至少 1 人为专职；

3. 成立以来，近三年年运营资金在 30 万元（含）以内（随着乡镇社工站的推广，资金额度的要求降低）；

4. 能够提供组织登记证书及成立以来的历年财务报表、捐赠票据或普通税务发票等材料。

资格初审合格后，项目团队通过第二轮实地走访并依据《星级评估指标表》（见第六章第一节）对组织进行现场测评，形成类似于组织诊断的走访测评资料。然后由专家团队依据走访测评资料对县域公益组织实行第三轮终审。经过三轮评选，选出符合条件的县域公益组织并进行在线公示，公示无异议后确定为被资助对象，并经过一定程序与之签订资助协议，最终正式成为"善才种子"项目培育对象。

（二）提供资助资金

1. 直接提供小额资金资助

资金是公益组织生存的根本。在项目前期调研过程中，项目团队发现很多县域公益组织获得的资金有限，面临着严重的资金短缺问题。为此，项目设置了组织治理资金。这笔资金可以用于县域公益组织运转的各个方面，如行政管理、人员工资、办公设备购买等。入选的县域公益组织一般都可在培育期内获得 3 万~5 万元不等的组织治理资金。

从 2018 年至 2019 年，福建省同心慈善基金会通过直接提供小额资金的方式给予公益组织资助。自 2020 年起，项目团队除了继续资助入选县域公益组织外出学习的经费外，还采用"助人自助"的理念，以奖代补，通过"组织治理规范化激励金"及"项目管理规范化激励金"两种方式，分阶段、按组织成长程度给予县域公益组织小额资金支持。

2. 设置组织治理达标激励机制

组织治理是一个长久的过程。项目最初两年，项目团队直接给予符合资助条件的县域公益组织以资金资助。自2020年起，为了激发县域公益组织的组织成长内驱力，项目团队设置了“组织治理达标激励机制”。

首先，项目团队参照社会组织等级评估的指标制定了《组织治理规范化指引》（见第六章第三节），并从县域公益组织的基础条件、内部治理、财务管理等方面作出详细说明，县域公益组织可以根据《组织治理规范化指引》开展组织建设。同时，项目团队还制订了“组织治理达标激励计划”（见第六章第三节），设置小额激励资金，给予组织规范化建设考核达标的组织以资金激励。有意愿申请激励计划的县域公益组织需要提交相应申请表及自评报告（见第六章第三节），项目团队通过实地走访，考察县域公益组织所提交材料的真实性以及组织建设的实际情况并进行评分，最终确定入选激励计划的县域公益组织名单，给予资金激励。

（三）培训组织治理的知识与方法

结合县域公益组织在组织治理方面的问题和成长需求，项目团队开设了以“组织建设”和“组织治理”为主题的课程，链接公益行业专家、政府有关人员、公益组织中实务经验丰富的人员进行授课，同时引入外部有关组织治理的线上课程，通过线上线下相结合的形式，提供“社会组织发展规范化”“社会组织战略梳理”“愿力驱动型组织构建与实践”“公益组织法律风险防范”等课程内容，每次培训课程平均历时两天一夜。

二、提升组织服务能力的培育阶段

在推进组织治理规范化建设一段时间后，一般所培育的县域公益组织会认识到组织治理的重要性，开始着手推进组织建设、进行组织治理，推动县域公益组织会朝合法合规的方向发展。在巩固第一阶段培育成果的基础上，实施第二阶段培育的策略，具体措施如下。

（一）提供能力提升培训课程

1. 资助课程学习经费

为鼓励县域公益组织外出学习，快速提升服务能力水平，项目团队给予受培育的县域公益组织每年5000元的课程学习经费。该笔经费既可用于本项目举办的课程培训差旅费用，也可以用于参加其他组织举行的培训费用。项目组举办的培训课程不收取培训费用，因培训而产生的相关费用如差旅费、食宿费等，均可在课程学习经费中予以报销。

2. 提供能力建设的主题课程

回应县域公益组织能力建设的问题和学习需求，自 2019 年起，项目团队设计了项目开发与管理、筹款与资源链接、团队建设、志愿者管理等主题的课程，链接公益行业专家、高校社会工作专业老师和公益组织中的优秀人才，对公益组织进行了不同内容的课程培训。课程培训采取线上与线下的方式，授课的原则是理论与实践结合，授课过程还辅以发放相关书籍（如《义工通识课程》《社会组织慈善政策法规汇编》《项目百子柜》《公益财务 100 问》）等，以固化所学知识。每次培训时间为两天一夜，每次培训平均时长为 16 个小时。在培训后的满意度调查中，学员对课程满意度均在 90%以上。2019 年 1 月至 2020 年 1 月培训情况见表 4-1。

表 4-1 县域公益组织课程培训记录表（2019 年 1 月—2020 年 1 月）

课程板块	主题	人数	培训时长
第一次培训	打开思维，向未来学习	53 人	16 小时
第二次培训	项目设计：公益项目书撰写	40 人	16 小时
	项目管理的基础知识		
第三次培训	社会组织的筹资	60 人	16 小时
	社会组织财务管理		
第四次培训	社会组织的发展及全面解析	50 人	16 小时
	志愿者服务团队组建和管理		
第五次培训	社会组织政策与法规	50 人	16 小时
	社会组织舆情风险与应对		
	社会组织活动的风险与防范		

（二）提供组织能力建设的督导服务

考虑到县域公益组织的督导现状和需求，项目团队制订《“善才种子”县域公益组织督导工作方案》（见第六章第四节），联合高校社会工作专业老师、职业公益人，与之签订《专家督导服务协议》与《督导陪伴保密协议》（见第六章第四节），组建督导队伍。同时，项目团队向所培育的县域公益组织发布信息，由需要督导支持的公益组织自行申请，项目团队根据县域公益组织的表现情况和实际发展状况筛选名单，并把督导老师与各县域公益组织进行匹配，分配督导老师给公益组织，提供督导陪伴服务。督导老师每个月定期通过线上或线下的方式，对县域公益组织进行个人或团体督导。这些督导既是实务指导老师，也是陪伴教练，担负着指导县域公益组织能力提升和陪伴其成长的双重责任。

随着项目的更新迭代，督导陪伴的方式也在不断更新。财务知识与财务管理的督导工作，一般是与社会组织财务管理机构合作，请有社会组织财务管理经验的专家，去现场督导与线上督导合并进行的方式进行。至于社会组织治理与组织规范化建设的督导和项目执行过程的规范性督导，则由前期的点对点式个别专家督导，到后期改变为由项目组根据规划性建设的两类指引，协助组织进行规范性建设与改革，采用到机构进行团体督导的方式进行。

（三）搭建能力提升实践平台

为了更好地锻炼县域公益组织各方面的能力，项目团队搭建了促进组织能力提升的实践平台。

首先，搭建项目运作能力实践场景。项目团队链接和导入福建省同心慈善基金会资助的“大地美容”“乡村阅读”“八闽观影”，壹基金“温暖包”等标准化、易执行的公益项目，县域公益组织可以自行申请并按要求执行项目，将课程所学在实践中转化，提升组织的项目申请及执行能力。

其次，项目团队向经过培育实现组织治理规范化达标的县域公益组织提供项目管理激励金。组织治理达标的县域公益组织可撰写《社会服务项目方案书》（见第六章第五节）并提交申请，项目团队给出项目方案书的内容模板（含问题分析、服务对象选取、服务方案的合理性、项目意义、项目预算、资源整合能力等），结合督导的意见，对所申请项目进行初步筛选，之后经专家团队评审后，确定可实施的激励项目。激励项目确定后，项目团队将与入围的县域公益组织签订激励协议，承诺将按照项目管理规范化评估结果给予项目管理规范化激励金。在项目运行过程中，项目团队通过《项目管理规范化指引》（见第六章第五节）给予项目执行的指导，并就项目执行进度、项目执行问题等进行追踪。

再次，项目组搭建资源获取能力实践场景。项目团队与有公募资格的福建省同心慈善基金会合作，实施联合劝募计划，邀约想解决社会服务资金困难的县域公益组织，学习劝募的知识，在公募平台上进行项目募款。项目团队以"99公益日"作为筹款联系平台，邀请县域公益组织参与筹款。同时，项目团队对接基金会的"梁秀计划"项目，建立人才交流社群，协助县域公益组织获取人才培育、资金资助等资源信息。

最后，项目团队搭建团队管理实践场景，组织以"团队管理"为主题的参访游学，开展团队建设活动，组织年终交流总结大会等。

三、滋养性环境建构与双向互动的推进阶段

县域公益组织培育一年后，进入培育的第三个阶段。该阶段主要的工作是推动县域公益组织外部环境建设及应对前面各阶段呈现出来的问题，主要有：一是被支持的县域公益组织的内部建设出现的新挑战；二是影响了组织的发展与壮大的公益组织自身的能力与潜能还没有被完全激发出来，县域公益组织各方面的能力较欠缺的问题。在查缺补漏的基础上，该部分工作开始推进县域公益组织的外部环境建设，增加组织与外部环境的互动，具体工作如下。

（一）提供行业内交流互动的机会

为了扩大公益组织的支持网络，项目团队还通过团建活动、区域性工作坊和参访游学等方式搭建县域公益组织交流互动的平台。参访游学活动主要是为了协助县域公益组织携手解决面临的共性问题，提供走出去向其他优秀的公益组织学习的机会。参访游学活动均由县域公益组织承办。

在参访游学过程中，项目团队链接了行业内经验丰富的从业者作为陪同人，项目团队与课程老师只是作为协助者，将解决问题的权力交给县域

公益组织。通过交流互动，让规范化、专业化处于较前列水平的县域公益组织能够带动尚在成长中的公益组织，通过传帮带教、相互学习、互相帮助，最终实现转化。同时，增加县域公益组织之间的关系点，扩大县域公益组织之间的关系面，实现共同成长。

（二）搭建利益相关方的对话平台

项目团队通过走访地方政府部门、商业企业、联合会，利用已有合作的媒体资源，通过社会倡导、项目宣传、价值观交流等方式，改善利益相关方对县域公益组织的认知。在搭建县域公益组织与其利益相关方之间对话平台的过程中，鼓励县域公益组织主动联系，运用好“99 公益日”等载体，培育县域公益组织对社会负责、与利益相关方沟通的意识，增加县域公益组织与利益相关方之间的黏性，营造县域公益组织发展的良好环境。

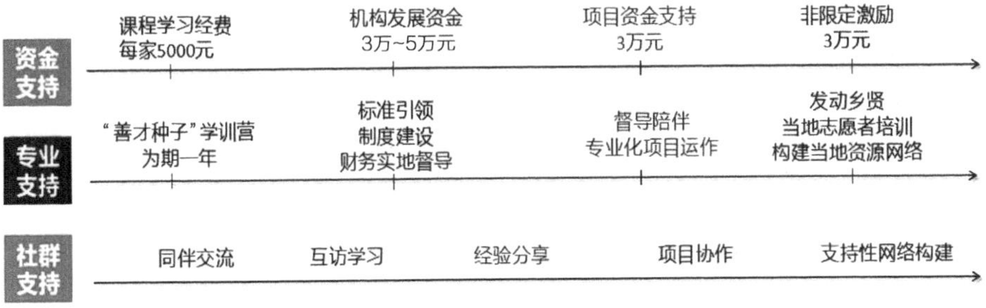

图 4-1　“善才种子”县域公益组织培育方案执行过程

总体而言，就是按照项目方案所设计的服务主题及服务过程计划，对被培育的县域公益组织提供资金资助、知识服务、社群支持、实务陪伴等服务。培育过程以被培育对象为本、以组织自我成长为核心，培育工作内容充实、梯度明显、环节完整、过程有序。

第二节　培育的成效

为了确认“善才种子”项目的培育成效，进一步总结项目经验与不足，除在项目实施过程中开展内部跟踪评估外，福建省同心慈善基金会还于2022年邀请北京七悦社会公益服务中心对项目进行评估。评估组织通过深度访谈与问卷调查的方法，收集了相关信息并进行了评估分析，得到《福建省同心慈善基金会"善才种子"县域公益组织支持项目评估报告》。报告对"善才种子"项目培育成效有进行较全面的评估分析，因此本处采用该第三方的评估结果，说明培育的成效。

一、成效评估的方法

（一）文献和资料分析

对既有项目资料、网络数据等进行收集整理与进一步分析研究，厘清项目逻辑和运作特征，同时收集整理关于该领域的基本状况和一些基本做法。基于已有的对县域公益组织的调研，梳理出当前县域公益组织的需求与痛点，并且梳理出领域中已有的一些做法，以判断项目整体定位与格局、服务的成效。

（二）实地调研

在福建省实地调研被支持的县域公益组织，一方面通过公开性参与式观察法，与县域公益组织一同参与项目的培训环节，不仅了解学员的学习内容与形式，还会对学员的学习情况、参与感受等进行观察和访谈；另一方面，实地参访县域公益组织所在的县城，了解其在当地的发展状况。

（三）深度访谈与问卷调查

进行半结构性访谈和深度访谈。采用电话访谈、面对面访谈和焦点小组等方式进行，通过多种形式的访谈体系化地收集县域公益组织的相关信息。

首先，通过线下实地了解10家县域公益组织的发起、项目运作和参与"善才种子"项目情况，分析和判断当前县域公益组织的发展需求，以及项目的需求满足情况。之后提取关键要素，设计代填式调查问卷。

其次，通过分层随机抽样，对项目服务对象进行抽样，选择20家县域公益组织进行了线上访谈。问卷作答采用评估人员电话访谈，结合访谈对象自评，经由评估人员判断填写相应的答案。

最后，将此前已经访谈过的10家县域公益组织的信息采集录入问卷，对于信息不全的机构进行补充访谈。最终针对30家县域公益组织进行相关数据分析。

二、成效评估的结果

（一）县域公益组织内部的变化情况

1. 组织治理的变化

通过对第三届至第五届“善才种子”招募阶段所搜集的组织资料的相关内容分析来看，在参与项目前，县域公益组织财务管理、项目管理和基础档案保存、组织治理和团队建设等方面的现实运作情况如下。

第一，在财务管理方面，有29%的组织有明显的短板，具体表现为缺乏财务管理的意识、对于民非会计制度不熟悉，或是缺乏财务管理制度或报销流程。有45%的组织有基础的财务管理制度，但是在有些具体操作方面仍难以把握，仍有一定提升改进空间。

第二，在项目管理和基础档案管理方面，有25%的组织明显较为薄弱，具体表现为缺乏基础材料存档的意识，没有必要的服务过程记录，或是记录规范性弱，个别组织缺乏完整的服务方案。56%的组织有基础的服务表单或套表。

第三，在组织治理和团队建设方面，约有21%的组织面临较大实际运作挑战，例如团队内部权责不清晰、除了发起人外缺乏骨干成员、团队内部发展理念不一致或存在负面事件。62%的组织形成了基本的管理制度，团队内部有一定的组织架构和分工。

在通过培训掌握了组织治理的知识后，有的县域公益组织已经开始着手组织治理工作，准备申请接下来的社会组织等级评估。有的县域公益组织从松散型组织成为有全职工作人员、专门办公场所、较为规范的组织制度与财务管理的组织，进入有组织架构、有制度规范的起步阶段。

在被问及项目在哪些方面起到支持帮助作用时，参与项目的县域公益组织普遍明确反馈受益于财务管理方面的培训和指导。不少受访组织反映自身聘用的兼职或专职会计/财务人员缺乏对于民间非营利组织会计制度的了解和学习，因此负责人是带财务人员一起参与相关实操性培训；同时，项目提供的对于自身实际财务督导管理情况的诊断和指导能够比较有针对性地解决自身存在的具体操作问题，完善相关制度和流程。

如，GZLZ 青少年事务社工服务中心主要承接两种类型的政府服务购买。一种是相关部门委托其开展一次性活动性质的服务时，对于组织的财务核算要求比较简单。另外一种是由民政部门委托开展时效性比较长的服务项目，这类购买对于组织财务管理要求就比较高。由于组织目前项目资金来源还较为有限，雇不起专职财务人员，而兼职财务人员有自身的财务管理方法，对于项目或组织提出的财务要求不是所有都能接受。通过借助"善才种子"项目，让兼职财务人员接受培训，该中心才慢慢知道了资金的使用规范。

项目对于县域公益组织自身在发展过程中遇到的挑战所起到的支持中，有针对县域公益组织以往项目管理和档案资料规范性的不足提供的服务。对于这些组织，项目所提供的支持对于组织生存发展发挥了重要的作用。

SX 区 SS 环保服务中心前身以志愿者团队的形式运作多年，2022 年正式注册成立。在以往志愿服务开展的过程中，对于服务活动相关档案资料留存的意识较为薄弱，很少留存文字类材料。该组织曾申请其他基金会环保项目，在接受对方现场调研时，由于外部原因无法带领基金会项目团队实地走访项目计划落地的社区，同时自身缺乏以往服务活动开展情况的资料，呈现出准备不充分的状态，之后项目未通过资助申请。组织从中感受到在申请相关基金会资助项目时，基金会还是会对组织相关运作管理的规范性有所关注的。在加入"善才种子"项目后，"善才种子"项目团队在实地探访的过程中，对组织在档案资料的整理、组织运作制度的设立等方面进行了较为细致的指导，对于组织自身的规范化运作管理资金和更长远的发展起到了很大的帮助。

在组织治理和团队建设层面，县域公益组织中有一部分志愿者或义工协会此前一直以较为零散活动式的方式进行运作，组织治理和管理较为松散，缺乏专职人员，在向专职化、专业化方向转型时，在组织和项目运作规范性的提升方面也存在瓶颈。“善才种子”项目为县域公益组织提供小额组织发展资金，支持其用于专职工作人员薪资补贴，规范其组织、协助其成长。同时，项目针对部分组织内部团队中存在的运作治理张力，还尝试通过深入其团队内部组织交流沙龙的方式，帮助其共同梳理和探讨发展定位与方向，协助组织进行发展变革。

LC 义工协会前身为义工服务队，在正式注册成立后，有 60 余名义工担任理事会成员，无专职人员。理事会内部民主议事、决策能力欠佳，协会发展面临较大挑战。在协会负责人的求助和沟通下，“善才种子”项目团队进入该组织内部开展义工培训，介绍组织运营的规范性，理事会治理和专职团队运作的重要性。之后，进行组织变革，将理事会成员调整为十余人。同时，在组织发展资金的资助下，聘用 1 名专职人员。另外，在项目的学习和专家的督导下，组织服务也从较为零散、缺乏发展规划的活动化，开展转向项目化运作，并开始承接政府购买服务项目。目前，组织治理和团队运作呈现出一个较为良性积极发展的状态。

TX 助残服务中心负责人表示：“我们从 2018 年开始就一直接受项目的资助，这几年下来，我们的收获挺多的，项目团队的老师和工作人员就像亲人一样，时时刻刻、尽心尽力为我们操心，给我们规划和指引。在组织治理方面，项目团队联系了专家老师，到我们中心来手把手地指导我们的财务，给我们督导，帮助我们梳理组织治理的问题，通过课程学习，我们大概知道了组织治理是什么以及怎么做组织治理。我们有慢慢调整组织框架，梳理组织的发展方向，也有增加和规范组织的规章制度，组织治理慢慢规范起来。”（TX 助残服务中心负责人 Z 老师）

但同时也应该看到，由于项目在组织治理方面给予县域公益组织的支持倾向于理论知识培训，具体实务操作比较缺乏，县域公益组织的组织规范化建设的产出并不显著。主要体现在：一是大多数县域公益组织的组织使命并未得到明确；二是只有部分县域公益组织增加和完善了组织的规章制度；三是县域公益组织的组织架构还有部分没有调整。总的来说，县域公益组织治理规范化建设还需一定时间的建设，但提升了县域公益组织对组织规范化建设的重视和尝试，组织治理方面取得了一定的培育成效。

2. 组织能力方面的变化

县域公益组织的部分能力得到了较大的提升。项目团队开展了关于能力建设方面的理论知识培训，也提供了能力锻炼的机会，县域公益组织的能力状况发生了一定的变化。

（1）提升组织战略视野

“善才种子”项目除了为县域公益组织提供信息资源链接和交互网络外，还在以下两个方面助力其提升组织发展的战略视野，从整个公益领域发展的全局视角进行战略布局。

其一，为所培育县域公益组织链接“99 公益日”资源，提供项目筹款途径和技巧培训。对于县域公益组织而言，参与互联网筹款与对接“99 公益日”资源不仅仅是存在于资金资源方面。根据调研，有接近一半的县域公益组织参与互联网筹款是希望与外部交流，规范组织发展，开阔视野。所以，互联网筹款平台不仅可以为县域公益组织募集资金提供一种新的可能，并且成为促进公益社会化参与的重要方式，重塑公益生态。目前项目为县域公益组织提供的相关互联网筹款资源链接和培训对于组织整体发展思路的打开有一定作用。

其二，通过培训和相互交流，向县域公益组织展现不同组织及服务的案例，促进组织尤其是以往运作较为松散、以活动化服务为主的志愿者、义工协会形成系统化解决社会问题的思维意识，并朝职业化、专业化的组织运作形态发展。

ZP 义工协会于 2010 年成立，会员数量多，义工群体较为活跃，常年为多种类型的困境群体进行资金物资资助和其他基础性服务活动，但长期无专职工作人员。在入选“善才种子”项目前，该协会主要通过义工参与活动平摊费用的方式进行善款筹集，并且撬动当地一些爱心商家、爱心人士进行捐钱、捐物，在当地具有一定的影响力。在访谈中，协会负责人表示以往“我们是井底之蛙，感觉在自己的地界里我们做得很好”，但通过参与项目进行学习，自己的视野被打开，“让我认识了自己，发现我们的组织能力不够”，“大家的理念停留在活动层面，没有项目的意识”，和其他专业组织有一定差距。因此协会负责人开始有意尝试推动组织往更为规范化和专业化的方向发展，并希望增加专职工作人员。

（2）资源获取能力的变化

①专职人员数量变化

县域公益组织的人员数量实现正向增长，“要有专职人员”的意识已经形成。前期项目团队针对县域公益组织没有资金或没有渠道获得专业人员的困境，资助的组织发展资金可以用于聘请专职人员。通过培训，县域公益组织获得了公益组织人力资源管理的知识及如何招募人员的渠道知识。因此，县域公益组织基本上开始了设置并培养专职人员的意识，调查的组织中，有23%的县域公益组织实现了专职人员从无到有的转变，还有41%的组织的专职人员有所增加。虽仍有36%的组织没有专职人员或专职人员数量减少，但从总体看来，县域公益组织专职人员的变化趋势还是可喜的。除了专职人员增加外，有的县域公益组织的志愿者数量也在增加。还有一家义工联合会在接受资助后，走上了枢纽型组织的道路，截至目前为止，该联合会已经成功孵化了四家社会组织。

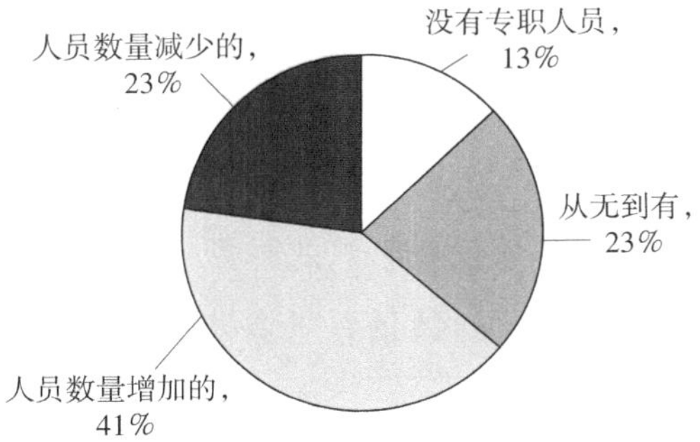

图4-2 组织专职人员变化情况

②组织可使用资金规模的变化

培育两年后，县域公益组织的资金规模扩大且来源渠道逐渐多元化。

项目团队前期，曾针对县域公益组织资金不足、筹款能力差等问题，提供小额资金资助，开设筹款与资源链接课程培训，链接“99公益日”平台等内容。因此，在培育后，90%左右的县域公益组织资金规模实现了正增长，有的公益组织资金规模从“0资金”增长到“20万元以上”，有的公益组织资金翻倍且翻了多倍。在资金规模增长的同时，县域公益组织的资金来源渠道也开始变得多元化，从原来的“单一依靠政府或其他社会组织”到现在“政府购买服务和社会组织资助并存”，并且也收到了来自爱心企业的捐赠，部分县域公益组织在成长过程中也开始有了经营性收费的意识。

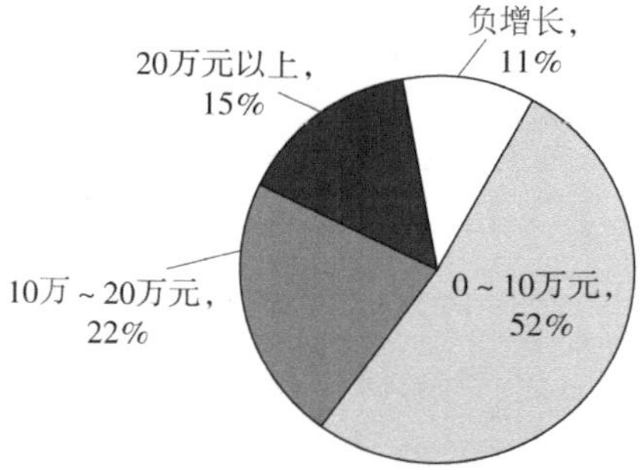

图 4-3　组织资金规模变化

③服务项目数量的变化

项目培育后，县域公益组织的服务项目数量没有多大变化。大多县域公益组织项目来源单一，虽然导入基金会资助的其他项目、资助公益创投项目，协助县域公益组织了解政府购买服务和其他基金会资助项目，鼓励并协助县域公益组织参与项目大赛等方式帮助县域公益组织争取更多来源的服务项目，但仅有部分县域公益组织的服务项目数量有所增加，同时也有部分县域公益组织的服务项目数量有所减少，整体看来，服务项目数量变化不大。

（3）服务供给能力的变化

①年均服务人数的变化

经培育，县域公益组织的年均服务人数增加，服务人群更加广泛。很多县域公益组织受组织工作人员数量和注册地的影响，多在所在县面向特

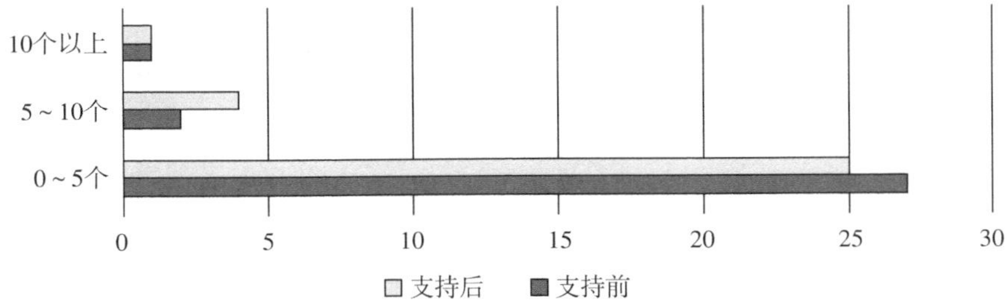

图 4-4　服务项目数量变化

定群体开展服务。随着县域公益组织人员、资金规模和服务项目数量的增加与扩大，县域公益组织的年均服务人数、地域辐射范围也发生了可喜的变化。据调查，54.5%的组织年均服务人数实现了增长，18.2%的组织年均服务人数有所降低，27.3%的组织年均服务人数保持不变。具体情况参见表 4-2。

表 4-2　部分组织年均服务人数培育前后对照表（单位：人/户）

组织名称	培育前	培育后
SX 义工联合会	100	300
NX 家庭心理关爱中心	30	100
XLF 志愿者协会	972	1107
AXGS 志愿者协会	30 户	15 户
ZH 义工联合会	480	260
ZP 义工协会	3500	3500
XW 公益服务中心	240	240
SH 义工协会	600	1500
LC 义工协会	1000	3000
YG 公益协会	500	500
TX 助残志愿服务中心	100	400

②被培育组织的社会影响力变化

培育后，县域公益组织以项目为载体的服务内容获得认可，服务质量有所提升。自 2018 年以来，接受培育的县域公益组织在各类公益项目大赛中“崭露头角”，无论是在地市级还是省级，项目所培育县域公益组织都获得了不错的荣誉，已有项目在国家级的项目大赛中获奖。除项目之外，部分县域公益组织还获得了“先进集体”“优秀志愿组织”“文明单位”等荣誉称号。作为服务内容载体的项目和作为基础设施的组织不断发展，其提供的服务质量也不断提高。

表 4-3 部分组织获得荣誉情况表

组织名称	获得荣誉
XLF 志愿者协会	社区精准“一对一”关怀“三无”老人志愿服务项目，获“2018 年福建省志愿服务项目大赛”铜奖和“第二届善行八闽——海峡公益慈善项目大赛”三等奖； “守望童心·相伴成长”志愿服务项目，获“2019 年福建省志愿服务项目大赛”优秀项目奖
SH 义工协会	“素爱行动·让爱回家”流浪人员救助项目，获“2019 年上杭县首届志愿服务项目大赛”十佳项目和“福建省志愿服务大赛”金奖； 协会被评为“上杭县 2019 年度新时代文明实践建设工作先进集体”与“上杭县 2019 年度最佳志愿服务组织”； 2020 年 11 月在“第五届中国青年志愿服务项目大赛”中获银奖
LC 义工协会	“人和书舍”服务项目获 2019 年福建省“善行八闽——公益慈善项目大赛”组织奖；2019 年获“龙岩市脱贫攻坚工作先进集体”称号；2020 年获“龙岩市五四青年奖章集体”荣誉称号；2021 年获“龙岩市三八红旗集体”荣誉称号；2022 年获“连城县最佳志愿服务组织”与龙岩市 2022 年度“最佳志愿服务组织”称号
SX 义工联合会	“情暖童心·守望成长——留守儿童安全教育项目”获“2018 年度全国青年社会组织‘伙伴计划’”三星项目和“2019 年福建省志愿服务项目大赛”优秀奖； “同人·同心·同行助残志愿服务项目”获“2020 年福建省志愿服务项目大赛”优秀项目奖

（4）项目运作能力的变化

接受培育的县域公益组织初步树立了项目管理意识，项目运作能力也有所提升。针对县域公益组织缺乏项目认知和项目管理意识，“善才种子”项目围绕项目设计、项目模式梳理和项目品牌化建设等主题开展了课程培训、工作坊。同时，尝试围绕具有一定代表性的特定细分服务议题开展专题工作坊。

在日常走访和督导中，项目团队和相关专家都会回应县域公益组织提出的、在自身项目运作过程中遇到的难题。从第四届开始，项目团队通过“项目管理规范化评估”、“品牌化建设”和“项目管理规范化激励计划”等形式，有计划、有目标地对机构相关项目设计和具体服务开展督导支持。有不少组织负责人表示，通过参与“善才种子”的相关课程培训及频繁地与老师和同学进行交流，自身开始有意识地寻找特定领域进行探索，并且对于项目设计和运作有了更多的了解和启发。

①项目意识的觉醒

通过培育，县域公益组织明白了活动与项目的差别，不再单纯地开展活动，而是强调针对服务对象需求的项目化运作。

“以往组织可能更多的是以跟风的方式开展服务，别的组织做什么，自己也做类似的。而在参与品牌打造课程中，看到其他公益项目设计和执行项目的思路后，（我）看待项目的视角会发生变化，会思考如何做出自己的特色和亮点，跟别人做得不一样。”（SM 市 SY 区 CHQ 青少年事务社会服务中心团队主要管理人员）

尽管，目前组织自身起点比较低，还无法达到所邀请的公益组织的层次水平，但能够在当下开始思考组织未来 3~5 年的品牌建设，包括如何包装、推销服务项目。该管理人员表示受项目课程启发，开始思考如何策划项目，打造自己服务的亮点；在项目申报的时候，可以从哪些角度去展示等，争取让项目在未来 1~2 年实现可持续性。

②项目管理能力提高

县域公益组织在项目的申请、执行、评估等各个方面都有了明显的变化。如在项目申请上，县域公益组织通过学习掌握了如何撰写项目申请书，也更加积极地参与各地的项目大赛，有 3 家县域公益组织的项目参与 2020 年福建省“善行八闽——公益慈善项目大赛”并获得了优秀奖；在项目的落地执行中，县域公益组织开始关注项目的时间管理、利益相关方管理、财务管理、质量管理等；在项目评估中，县域公益组织更加主动积极，有了以评促建的认知。

“我们组织最开始在项目的设计、管理和执行方面都存在困难，现在我们大大小小有15~16个项目，有4位专职人员，我们实行的是项目分类管理，有人负责项目执行，有人负责项目统筹。‘善才种子’项目团队给了我们很多在项目运作方面的培训和指导，在项目设计上如何避免给自己挖坑，在项目运作中如何做好日常的管理。我觉得通过能力建设相关培训是可以提高项目运作能力的，我们的项目运作能力也确确实实得到了提升。”（SX义工联合会W老师）

（5）团队管理能力的变化

县域公益组织的团队管理意识发生了一定的转变。随着县域公益组织的转型发展，团队成员的异质性给团队管理带来了新的挑战。项目团队通过提供志愿者团队管理培训、团队建设等服务内容，县域公益组织的负责人开始意识到原有的团队管理方式有很大的局限，团队管理不再单纯依靠“情怀”和“热情”，需要增加物质激励和绩效考核。县域公益组织开始尝试制定相关规章制度，结合组织文化，对组织成员进行管理，组织成员的团队归属感有所增强。

（二）县域公益组织外部环境的变化情况

1. 福建省同心慈善基金会对公益组织支持意愿增强

从县域公益组织支持数量和项目投入成本来看，支持型组织对县域公益组织的支持力度在逐年加大。具体情况如下。

（1）资金投入量增加

福建省同心慈善基金会对县域公益组织的资金投入力度逐渐加大。基金会对项目的资助方式分为资金资助和非资金资助，其中资金资助主要体现在组织发展资金、学习经费、项目运营经费等部分。除此之外，基金会每年还拿出一部分资金用于开展县域公益组织能力建设的活动，主要分为督导聘请、学训营、交流分享、项目日常服务等。基金会第一年资金投入20多万元，第二年投入40多万元，到2019年项目年度支出90多万元，到 2022 年近百万元投入，不难发现，基金会对项目的资金投入逐年增加。

表 4-4　基金会资金投入明细表

<table>
<tr><th>时间点</th><th>资金方向</th><th>投入金额</th><th>合计</th></tr>
<tr><td rowspan="2">第一阶段</td><td>种子基金</td><td>40000＊4 家＝160000 元</td><td rowspan="2">245000 元</td></tr>
<tr><td>课程资助</td><td>5000＊17 家＝85000 元</td></tr>
<tr><td rowspan="2">第二阶段</td><td>机构发展资金资助</td><td>30000＊12 家＝360000 元</td><td rowspan="2">440000 元</td></tr>
<tr><td>课程学习经费</td><td>5000＊16 家＝80000 元</td></tr>
<tr><td rowspan="3">第三阶段</td><td>项目管理规范化激励金</td><td>30000＊11 家＝330000 元</td><td rowspan="3">600000 元</td></tr>
<tr><td>课程学习经费</td><td>5000＊14 家＝70000 元
5000＊10 家＝50000 元</td></tr>
<tr><td>组织治理达标激励资金</td><td>约 150000 元</td></tr>
<tr><td colspan="4">合计:约 1285000 元</td></tr>
</table>

（2）资助组织数量不断增加

基金会对县域公益组织的资助基本覆盖福建省内所有县级区域。福建省共有 9 个地级市、31 个市辖区、11 个县级市、42 个县，“善才种子”项目主要是培育县域公益组织。截至 2022 年 12 月，项目共资助了福建省内 77 家县域公益组织，资助范围覆盖了福建省 32 个县级区域，3 个地级市，项目预计资助福建省内的 100 家县域公益组织，争取覆盖福建省所有县级区域。

表 4-5　县域公益组织资助数量统计明细表

时间	课程资助	小额资金资助	项目资助	资助次数合计
2018 年	23	4	-	27
2019 年	21	12	-	33
2020 年	13	-	11	24
2021 年	20	5	-	25
2022 年	-	15	7	22
2023 年	25	-	-	25
合计：156 次				

注：2022 年因疫情影响，未增加县域公益组织资助，数据统计截至 2023 年 5 月。

（3）搭建资源链接网络

“善才种子”项目嵌入福建省同心慈善基金会自身的“大地美容”“同心暖春”“八闽观影”“火种计划”等项目供县域公益组织自主申请，让其在具体服务运作过程积累经验，获得成长，打开视野，并且通过社群网络推荐其他基金会的项目申报信息，帮助县域公益组织拓展行业资源。在对县域公益组织的访谈中，有30%的被访组织反馈，结合自身的申报意愿，经过申报和评选，成功申请并执行到相关基金会的项目；其中有一些组织反馈以往自身非常缺乏对接外部项目资源的渠道，在参与“善才种子”项目前从未承接过基金会项目。例如SW市CN社会工作服务中心反馈通过项目团队的信息分享，链接到了恒申基金会、红苹果公益等项目资源。

2. 其他枢纽型组织对公益行业的支持意向有所变化

目前国内枢纽型组织对公益行业的支持大致可以分为提供资金或项目资助、培育公益人才、搭建公益组织发展平台和提供各种能力训练营四种，综合来看，有提供资金、培育人才、搭建平台三类资助模式，具体内容见表4-6。给予资金或项目的非定向、问题导向型资助方式带有很大的不稳定性，枢纽型组织也意识到这种资助方式不能从根本上解决公益行业的发展困境。目前福建省内有部分枢纽型组织从对于公益行业的资助转向对公益人才的培养，无论是直接支持一线公益人才、公益带头人等，还是通过一些能力训练营，如传播能力、筹款能力、管理能力等，最后都殊途同归地落实到了人才的培养上。这种资助方式认同的理念是“支持公益行业的根本在于人才培养”。少部分的枢纽型组织更是走在前列，做起了公益组织发展平台。

近些年，福建省的基金会快速增长，有部分基金会开始积极支持公益行业组织和公益人才的发展，如林文镜慈善基金会的“大地之子”“榕树伙伴”“香草计划”等，聚焦于公益人才培养、社群网络搭建等方面。既关注了整体公益行业的发展，也关注了特定议题、特定领域的问题，既关注了城市公益组织，也关注了乡村公益组织。

表 4-6 我国基金会对公益行业支持方向统计表

资助重点	典型代表
资金或项目资助	几乎所有的资助都有涉及资金资助
培育公益人才	人才培养：慈善千人计划——老牛学院；榕树伙伴计划（公益领袖人才培育）；中国公益慈善人才培养计划（慈善领袖）；银杏伙伴计划；鸿鹄计划（基金会秘书长）；束脩计划（支持公益人成长学习）等 能力训练营：福建公益传播班（传播能力）、香草计划（公益人筹款能力训练营）、公益慈善管理班、宽疾计划（医务社会工作陪伴与支持）、大地之子计划等
公益组织发展平台搭建	福建公益沙龙、社会组织公益大讲堂、中国基金会发展论坛等

3. 公益生态环境的改变情况

“善才种子”项目除了基于集中性课程培训形成的组织之间的交流空间外，还通过团建活动、区域性工作坊和参访游学等方式搭建平台，形成县域公益组织共同体网络雏形，促进各个县域公益组织内部之间的信息资源交互、促进区域组织发展的生态化。

有不少“善才种子”项目培育的县域公益组织反馈受益于项目所搭建的组织交流互动网络，尤其是在培训过程中，县域公益组织会自发组织内部交流会，就不同话题进行分享与讨论。一方面，参与者结交了公益路上的同行者，彼此的经验分享便能够相互受益；另一方面，互相分享信息，携手发展必不可少。来自不同县域的公益组织更有合作共享的潜力。例如，SX 义工联合会在《2018 年“善才种子”末期项目报告》中写道：“NDYB 社工、ZNXW 社工、SXTR 社工在多次学习交流中擦出火花，结成了‘铁三角’，一起进行项目共享，资源共享甚至在组织管理及个人情绪疏导上也能够相互帮助，相互依存。”

对于项目所培育县域公益组织在社群中参与的活跃情况的调研发现，有 57%的学员表示自己在培训期间较为主动地找其他学员交流；46%的学员会私下跟一些学员建立联系；42%的学员在非培训期间会主动联系老师咨询或是在群里主动发言。另外，40%的组织表示在项目中获得的支持内容包括社群之间的资源和技术交流。

正如YG志愿公益负责人访谈所言：“自己出来（参与项目），学习是一方面，更多是为了能链接外部资源，能够跟基金会、社会组织去交流。”同时，在其参与两次县域公益组织经验交流中，围绕组织运作中面临的现实问题，各个组织“畅所欲言，大家有什么痛点，组织有什么问题，都罗列出来”“相比上课，大家能进一步深度交流”。

另外，CH社工也表示：“在学员群里有其他人就政府购买服务问题和项目策划问题请教老师，自己也会顺带学习；通过培训，认识了一些组织，交流项目中遇到的问题和建议，并且当看到有一些组织发展得比较快时，也会有意识地交流请教经验。”

项目在共同体网络方面构建了较好的基础，县域公益组织的公益生态环境有所改善。在公益生态环境方面，经过3年的努力，搭建了2个县域公益组织微信交流群，与三明市社工协会等2个市级枢纽型组织签订了合作协议，组建了4个片区的公益组织社群，形成了一个互助体系。30多个县域的公益生态环境也随着项目的推进得以改善。县域公益组织有了公益生态意识，通过自身和集体努力去推动福建省县域公益生态的发展。

“善才种子”项目的负责人在参加2020年中国公益慈善项目大赛时说道：“这些受资助的县域公益组织之间有很好的联系和互动，不同县域的组织负责人，他们一起上课，上完课之后，他们还会组织小组来交流，线上、线下，他们都很积极地互动，他们会互相修改项目，会互相帮助。”（“善才种子”项目执行主管W老师）

（三）与环境互动的改变情况

1. 区域性政府支持情况的改变

县域公益组织在地方政府支持情况的变化不明显。项目团队与部分县域地方政府初步形成了合作关系，这些县域地方政府在项目团队开展活动时能够提供场地和资金支持，但支持环境的改变不是很明显。首先，项目团队与地方政府建立合作关系的数量远远不够，从地域上来看，只与两个市的政府单位建立了良好的关系，还有很多县域公益组织所在的政府资源没有联动。其次，项目只是协助与地方政府建立了合作关系，但并未将这些合作单位与该县的公益组织进行联结。

2. 社会的认可度得到提升

县域公益组织的社会认可度有所提升。首先，县域公益组织获得了来自政府和公益行业的认可，给予了更多的支持。县域公益组织获得了很多来自政府或公益行业的奖项，有1家义工协会拿到了“中国青年志愿服务项目大赛”银奖；其次，县域公益组织的社会影响力逐步提升。县域公益组织所开展的服务活动受到了福建各类媒体、“学习强国”等平台的宣传，越来越多的人对县域公益组织有了一定的了解，也更加主动地参与公益服务或志愿服务。社会大众，尤其是特殊群体对县域公益组织的评价比较正面积极。但是，县域公益组织与企业的互动仍旧较少，2020年“99公益日”共找到了13家爱心企业为“善才种子”项目配捐，但除了公益日外，日常与企业的互动很少。项目团队对县域公益组织的外部环境干预相对较少，在改善政府、社会、企事业单位对县域公益组织的支持上还需进一步探索改善方法。

（四）从数据看“善才种子”培育整体成效

1. 93%的县域公益组织从项目中获益

通过对30家县域公益组织半结构化调研统计可得，培育方案中的能力培训给县域公益组织生存发展带来的支持情况中，30%的受访县域公益组织认为因为参与项目而使得组织发展得更好了，在服务或项目数量上有所增加，或在服务深入程度上有所提升；63%的县域公益组织认为项目帮助组织发展得比较好，但是同时不明白或迷茫的地方也更多了；7%的县域公益组织认为没有变好。

2. 约30%的县域公益组织已具有较强的生存能力

从项目资源充足情况、组织自身对其发展情况和项目执行情况的自评，结合访谈过程中对组织的质性判断三个维度进行综合评价县域公益组织的生存情况，可估算出当前约30%的县域公益组织已具有较强的生存能

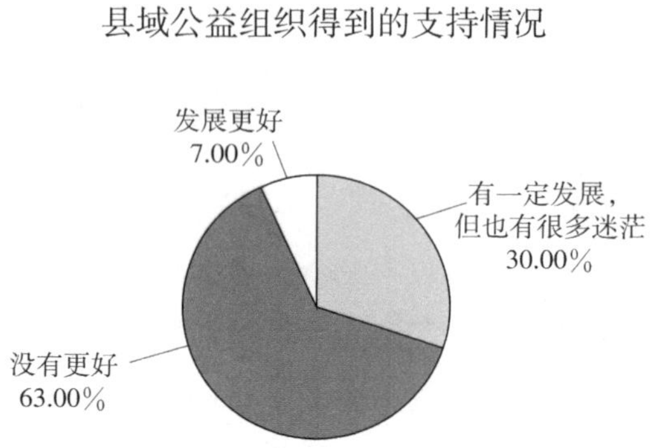

图 4-5　被支持组织因为“善才种子”项目而带来的变化情况

力（具体情况见图 4-6）。

首先，根据县域公益组织对于自身项目来源、数量、目前团队运作的维持情况等介绍，可以综合判断，23%的被支持县域公益组织基本没有资金来源或来源很少；50%的组织资金来源还较为单一、有限，勉强维持或基本维持现有全职工作团队运作；20%的组织资金来源开始多元，团队运作有一定资金支持保障；7%的组织积累了一定的项目资源，可以根据组织发展方向有选择地挑选项目进行承接。

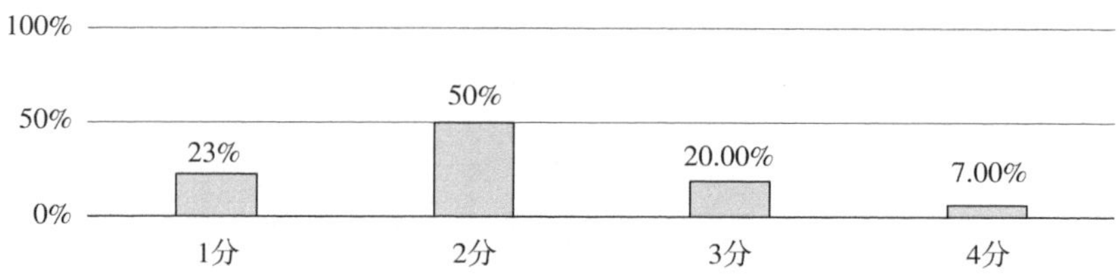

图 4-6　被支持组织项目资源充足程度

说明：1 分是资金来源很少，主要依靠团队内部自筹；2 分是项目资金较为有限，能够基本维持团队运作；3 分是资金来源渠道开始多元，组织运作有一定的资金支持；4 分是积累了一定项目来源，可以有选择地挑选项目做。

同时，根据被支持组织对自身发展情况的主观评价来看，30%的组织表示有危机感，对组织发展感到迷茫；50%的组织认为发展一般尚可；20%的组织对于组织整体发展有信心。

另外，根据被支持组织对自身项目执行效果的主观评价来看，25%的组织认为自己做得不是很好；60%的组织认为项目效果还可以；有15%的组织认为自己已经探索出了品牌项目。这与组织当前资金充足情况和发展状况基本一致，即项目效果成效较好的组织，其对于未来发展也较为乐观，其实际资金充足状况也良好。

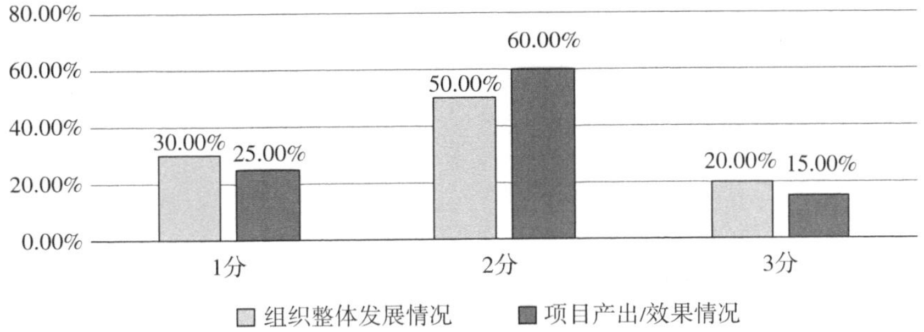

图4-7　被支持组织发展情况自评结果

说明：组织整体发展情况中，1分是有危机感、迷茫；2分是一般尚可；3分是有信心。项目产出和效果情况中，1分是认为自己做得不是很好；2分是觉得自己做得还可以；3分是认为自己做得还不错，已经有了品牌项目。

组织自评中对其未来发展信心、资金情况以及项目效果这三者不会完全匹配，但是大体趋势是相同的，即都在20%左右。整体表明目前大约20%~30%的组织已经呈现出一个稳健、良性的发展状态，展现出较强的生存能力；约50%的组织处在发展初期，仍面临一定的生存挑战；剩余组织生存还较为艰难。

3. 小结

可以看出，项目对于93%以上的县域公益组织的生存发展都起到了积极的推动作用，并让其中30%的组织在项目规模和服务深入程度上有了较为明显的改变，进入了一个较为清晰的、相对最佳的发展轨道。

目前约有30%的县域公益组织从资源获得渠道和规模上呈现出一个相对健康、稳健的趋势；大约50%的组织在未来资源的获得中仍面临不同程度的不确定性。

以上反映出“善才种子”县域公益组织支持项目对绝大部分初创期的县域公益组织发展起到了助推作用，尤其是规范发展与资源渠道方面。在项目培育体系中，包含：(1) 基本规范性支持程度高，形成了一套动态化成长跟踪体系，对于县域公益组织规范化建设形成有效支持。(2) 在网络和资源渠道的建设方面，包括提升县域公益组织战略视野、搭建网络化资源的对接体系开始形成共同体网络雏形。(3) 对于县域公益组织专业能力的提升方面，项目做得已经很规范、很用心，也体现了当前福建省公益组织能力建设的前沿水平；同时还存在如何真正让县域公益组织具有更强的生存能力的提升空间。

第三节　培育过程的反思

一、培育方案及行动过程的反思

(一) 增能理论的运用符合实际

运用增能理论实务框架设计的培育方案，是切合初创期县域公益组织的实际情况的。虽然增能理论多运用于个人或运用于环境不良、个体受压制、个人能力不足而产生的环境排挤导致的问题，但从行动的结果看，该理论也同样适用于县域公益组织的培育。增能理论相信个人是有能力的，服务对象可以通过自己的力量解决自己的问题。移植到县域公益组织的培育上来，培育者同样可以挖掘县域公益组织的优势，帮助他们链接资源、搭建互动与交流的平台，赋予他们权能，增加他们的信心，引导初创期县域公益组织通过自己的能力建设，解决组织的生存和发展问题。对于处于发展的初创阶段的组织，已具备基本的服务理念和学习能力，面对发展和转型中的困境，有主动改变的愿望和尝试。所以，培育者可以通过增能的方式，提升组织自身能力，强调县域公益组织主动增能。而作为培育者，相信组织有能力改变，并愿意为他们的改变提供条件与资源。至于外在的环境问题，初创期县域公益组织的无力感是由于环境的不支持产生的，所以培育者与当地的县域公益组织一起努力，创设支持的环境，是可以改变无力感的。因此，以增能理论为指导的项目方案符合初创期县域公益组织的实际。

（二）从组织能力建设着眼的培育方法利于组织的生存与发展

该实施方案针对县域公益组织能力低下、生存困难的现实，提出多渠道能力培育以增强组织的生存能力的策略是可行的。项目利用培训、组织经验交流分享会、工作坊的方式，提升了县域公益组织负责人管理的知识与能力，且通过开展相应课程培训和督导指导，示范学习公益实务，提升了组织成员的实务能力。通过培育，组织的项目设计与管理能力、资源整合能力、学习能力、外交能力、组织负责人领导能力等都得到了明显提升，这就有利于组织突破生存的困境，实现组织的可持续发展。如 ND 市 YB 社工组织，通过项目培育的支持，逐渐从一个以志愿者服务的活动方式转变为项目的专业服务方式，组织的管理也从志愿者团队式管理向职业化公益组织转变，获得了办公场所、政府与基金会的项目，开始具备职业化的人从事机构管理，组织获得了新生与发展。

（三）互动式的培训方式能有效增加组织的能力

生态系统理论强调与他人一起工作，包括重视他人、个人支持网络、组织和社区资源。在对初创期县域公益组织的培育过程中，项目团队通过采取互动式的培训方式开展一系列课程培训，增加组织间的互动与交流，并因此增强了组织的能力。首先，这种方式帮助组织负责人走出县域的局限，进入大的社会系统。互动式的培训方式提供一些免费的课程培训，加强了组织与同类社会组织的联结和互动，将组织放到整个社会系统中去，扩大了视野，且在互动中增加了解决问题的思路，增加了解决问题的资源。其次，在开展课程培训的时候采用互动式的培训模式，既有利于县域公益组织负责人易于接受专业知识，又通过个人与环境间的成功交流，建立了个人有效掌握环境的内在自我效能感，增加了发展组织的信心。由于在互动中了解到各县域公益组织生存的状态的一致性，从而不会有孤独感和无能感，又经过建立有效的人际关系，增加动员环境和社会支持的能力。最后，这种互动方式强化了组织之间的交流，加强了同辈之间的支持，相互学习，相互帮助，实现了组织层面的增能。

（四）区域互助体系的建构增加了组织的生存与发展的资源

项目团队搭建的交流平台，促进了区域互助体系的建构，增加了县域公益组织的生存与发展资源。一方面，运用小组的方法组织成立了学训营，建立微信交流群，建立了互联网上的互助网络，利用交流群分享最新政策信息、项目资源等，有助于组织之间进行自我了解和交流分享，增强组织的凝聚力和向心力，对县域公益组织从组织间层面进行增能。另一方面，通过创办组织之间的单位共建，加强了组织与外部、组织与组织之间的交流互动，促进了组织之间互帮互助，完善了组织发展的社会支持网络，逐步形成了一个跨区域的互助体系。

区域性互助体系的构建可以解决县域公益组织资源匮乏、信息不顺畅、社会支持少的发展问题。项目搭建的这个平台让县域公益组织有机会增强与其他组织的横向交流，组织之间跨区域合作，达成战略合作，组织之间可以借助项目进行交流和分享，包括组织开展活动遇到困难时，也可以邀请其他组织的人员进行支援，可能这个组织所欠缺的部分正是另一个组织所擅长的，可以刚好进行互相补位，确保活动可以更好地开展，保障了组织的生存与发展。从组织给予的反馈来看，YB社会工作服务中心表示：“借助这次培育，我联合其他两个地区的机构搭建了一个‘铁三角’的小小公益联盟，互相参与，互相借力，互相学习。自从有了这个‘铁三角’联盟，我发现我和外部之间的连接性更强了，而且自身组织的成长也快很多。于是，我又把这样的模式复制到‘香草计划’项目里，与其他同学组建‘香草联盟’，并增加了人数，这样的联盟又能帮助我们接下更大的公益活动和项目，让组织有序运营。”（YB社会工作服务中心负责人B老师）

（五）培育过程对组织的定制化培育需求回应较少

培育方案对县域公益组织的个性化需求关注较少。培育方案所提供的主题课程通识培训、社会组织治理规范化指引、小额资助、项目资助等服务内容大多是集体性的，较少关注县域公益组织的个性化需求。集体性的服务内容，偶发或零星的个别服务，会导致服务缺乏针对性，无法真正回应县域公益组织所遇到的问题。县域公益组织在反馈时也曾提及提供的有些服务缺乏针对性，没有能很好地帮助他们解决组织的问题，导致他们对有些服务内容缺乏主动积极性。

（六）培育过程的规制力欠缺

培育方案对县域公益组织培育的管理制度设计不够。由于该培育方案的基本理念是陪伴县域公益组织的成长，让其有爱有力，所以对县域公益组织培育服务是弱性服务，忽视了组织的惰性，没有设计县域公益组织的进入与退出机制、奖励与惩罚机制、日常考核与监督机制等管理制度。比如在小额资助方面，县域公益组织只需要提交中期和末期自评报告，很多组织经常拖延且所提交的报告质量不过关，项目团队需加强这方面的管理。在课程资助方面，对县域公益组织参与课程培训出勤率、请假等方面有要求但考核不严格，缺乏管理制度的培育方案无法帮助县域公益组织树立规则意识，其行为表现也容易带有随意性，缺乏管理制度的行动策略让项目团队的行动也带有一定的主观色彩。

（七）组织环境改善方面的行动介入较少

项目团队对县域公益组织的外在环境的介入远远不够。首先，培育方案想要用两年的时间实现环境改善和增加与环境的连接的目标本身就有点急于求成。县域公益组织的外部环境比较复杂，受制度文化等因素的影响，其改变不是一蹴而就的；其次，在培育过程中，项目团队对环境的介入行动较少。项目团队对环境改善层面做得最多的是搭建公益组织行业交流平台，这些措施具有偶发性、不持续性等特点，除此之外，项目团队基本没有采取措施进行社会倡导或政策倡导，就连环境改善层面目标中要求走访政府、走访乡贤、走访企业的行动都比较少。环境目标设定偏离实际，环境改善缺乏具体行动，因此，县域公益组织的外在环境改变是一个长期过程，需要久久为功。

二、培育方案的改进建议

总结现有县域公益组织培育方案的经验，为更好推动对公益组织的培育工作，对现有的培育方案及行动策略提出以下建议。

（一）组织层面改进的培育策略

1. 引导县域公益组织转变组织发展的观念

要引导县域公益组织转变思维，树立新的发展理念。不同于传统社会组织的服务，新时代对公益组织的服务提出了更高的要求。在设计公益组织培育方案时就需要考虑县域公益组织的长远发展。首先，应当引导公益组织变革的主动性，改变“等要靠”的消极思维，树立“主动出击”的思维；其次，应当引导县域公益组织树立可持续发展的观念。比如，在利益相关方维护方面，可以引导县域公益组织建立利益相关方资源清单，定期进行关系维护和责任交代，把利益相关方变成可持续而非一次性的资源；最后，应当引导公益组织树立专业化与职业化的发展观念。专业化与职业化是公益组织未来的发展趋势，可以通过价值观影响帮助公益组织树立职业认同，积极做好公益组织的规范化建设和能力建设，推动县域公益组织专业化和职业化发展进程。

2. 推动县域公益组织的组织品牌建设

公益组织的品牌是有别于其他组织的标志。在现实生活中，很多公益组织都是“万金油”，他们服务领域和业务范围广，但也正因为如此，这些公益组织的可替代性非常高，公益组织要想真正实现可持续性发展，就得做到“人无我有，人有我优”。第一，需要推动公益组织树立品牌意识。随着公益组织数量的不断增加，如何在质量上取胜是关键，可以引导公益组织树立发展、创新的意识，不断追求特色发展的意识；第二，做好公益组织的品牌基础建设。项目团队可以协助制定特色使命宗旨，服务特殊领域等；第三，培育品牌项目。可以引导公益组织跳出活动思维，从常规项目中提炼出精品项目；第四，强化品牌传播。公益组织需要树立宣传意识，运用好新媒体和传统媒体多种媒体渠道加强对品牌的宣传，扩大公益组织的品牌影响力。在项目团队介入县域公益组织培育过程中，可以协助挖掘组织品牌特色，提供品牌建设的有关培训，举行有关品牌建设的比赛等，既提升了县域公益组织的品牌意识，又推动了其进行品牌建设实践。

3. 推动县域公益组织积极参与社会组织等级评估

社会组织等级评估是推动县域公益组织规范化发展的有力工具，推动县域公益组织积极参与民政部门主办的社会组织等级评估，能使县域公益组织在组织规范化建设、组织品牌化建设方面有所成就。在培育方案设计中，要有推动培育对象参与社会组织等级评估的服务内容设计。参与社会组织等级评估有利于组织树立自己的权威，得到更多的社会支持。针对县域公益组织内部制度不健全、开展活动缺乏专业性、财务管理不规范以及缺少专业人才等问题，政府部门和业务主管单位既要强化对县域公益组织的制度化管理，又要帮助其建立健全各项规章制度。初创期县域公益组织一开始就要参照社会组织等级评估指标进行完善，从严要求自己，以参与社会组织等级评估来完善自己，可能会更有利于初创期县域公益组织的规范化、专业化生存。因此，在设计服务方案时，要重视发挥社会组织等级评估的作用，开展课程培训普及相关知识和操作方法，引导县域公益组织积极参与社会组织等级评估。项目团队要发挥引导者的角色，全程协助组织完善各项指标，促进组织提升自身的服务质量，从而增强培育的县域公益组织的公信力、生存力。

(二) 优化组织与环境关系的培育策略

县域公益组织自身拥有很多至关重要的关系网络，要推动组织积极参与与环境的互动，并利用这些关系网络推动组织的发展。通过强化县域公益组织与政府、企业和行业的联动，推动多元主体参与培育，为组织发展开辟多种资源来源渠道。

1. 推动机构积极与政府的互动

积极推动县域公益组织与政府的联动，借助政府的政策支持和资金支持。政府是县域公益组织所获取的最普遍、最重要的资源，组织在与政府部门打交道的时候，要注意政府参与，在沟通交流过程中可以按照政府日常的行为和语言方式，如主动地和政府联系、积极地向上级汇报工作，开展相关项目活动邀请有关政府部门和领导参加，并有平时节假日的问候，利用各种机会介绍自己的组织。虽然政府职能发挥有一定的局限性，但政府在县域公益组织发展的功能仍然是无可替代的。作为县域内为数不多的公益性社会组织，公益组织要积极取得当地政府的帮助和扶持。现如今有许多组织与政府的关系非常密切，建立的这种关系可以帮助组织更加便捷地整合政府各个部门的资源和项目，也比较容易获得当地企业的支持和社会大众的信任，从而产生一系列的连锁效应，优化组织发展的进程。

2. 推动组织积极与企业互动

县域公益组织开展社会服务，需要多方支持，特别是资金与组织发展战略思维方面的支持。这就要推动组织与企业互动，形成支持公益组织发展的良性环境。因此，在服务方案设计中，既要设计培训公益组织如何与企业互动的知识，也要设计打造企业与公益组织互动的平台、活动等服务。比如，可以通过召开座谈会的形式召开企业家见面会，借助项目合作的桥梁，实现公益组织与当地企业的对接与交流。项目团队可以协助组织在策划活动的时候，利用互联网和新媒体的力量，创新性地探索"社企"合作新模式，在活动内容上添加一些企业的元素，帮助企业树立社会形象，实现互利共赢。

3. 推动组织积极利用行业的平台

对于政府资源相对有限的欠发达地区，要挖掘行业发展的优势，推动组织积极与行业合作，链接外部专业的资源。这些公益组织由于经济的落后和交通的闭塞，不能及时地获得一些公益消息和资源，现在有很多支持县域公益组织发展的公益培训项目，专门为这些县一级的和发展困难的公益组织提供扶持与帮助。如"活水计划""文雅种子基金""青螺学堂""香草计划"等，在培育过程中可以为初创期的县域公益组织介绍和链接这些项目资源，也可以积极争取参加，充分利用这些公益组织所提供协助发展的平台，加强组织的人才培养与能力提升，从而推动组织专业化的不断发展。

（三）环境层的培育策略优化建议

1. 倡导健全县域公益组织的法律制度

随着县域公益组织的发展不断壮大，目前，相关法律法规已经不能适应和满足县域公益组织发展的需要。项目团队要协同当地的组织做倡导，向社会大众普及和深化有关社会公益服务的概念，强化政府部门对公益的认知，积极促进政府出台与培育发展县域公益组织相关的政策制度。一方面，建立健全县域公益组织的管理制度，进行规范化建设，主要包括登记、管理、薪酬、监督等各项制度；另一方面，完善相关配套制度建设，主要解决影响或限制县一级公益组织发展的一些体制机制上的障碍，并合力健全完善县域公益组织的法律制度，明确县域公益组织的法律和社会地位，为县域公益组织的发展营造一个良好的氛围。

2. 倡导现有政府培育模式的改变

针对初创期县域公益组织资金来源单一、发展规模小和专业人员严重缺乏的状况，要积极探索创新，为政府提供更多元的可供借鉴的培育模式，推动政府逐步制定真正适合县域公益组织发展的培育政策。一方面，可以加大对财政扶持项目方面的优惠力度；另一方面，可以联合社会各界力量成立县域公益组织专项发展资金，为县域公益组织的发展提供必要的资金保障，解决初创期县域公益组织为底线生存的后顾之忧，为组织的发展保驾护航。此外，还要加强县域公益组织所在地方政府部门和主管单位的政策意识，加强对社会公益工作的理解和支持，紧跟时代和政策的发展，及时落实上级下达的文件，积极培育公益组织，给予公益组织发展必要的政策支持，推动当地公益的发展，提升县一级的公益服务水平。

第五章

县域公益组织培育的案例

第一节　社会服务类组织培育案例

案例一

周宁县希望社会工作服务中心的培育

一、组织简介

周宁县希望社会工作服务中心（简称周宁希望）2018 年申报“善才种子”项目，并入选第二届“善才种子”项目。该组织成立于 2017 年 12 月，为周宁县首家社会工作服务组织。周宁希望始终坚持“以人为本，助人自助”的理念，用专业有效的方法成功开展了青少年、社区、医务、司法、为老、助残等领域 30 多个社工项目。以“活成一束光，点亮一座城”的志愿服务理念建立周宁县心理咨询师、公益小天使、守护勇士、福蕾天使等多支志愿服务队，共为 5000 多人提供了 68000 多次服务。

二、组织培育前基本情况

（一）组织内部情况

1. 组织建设情况

（1）办公场地

周宁希望成立时租民房进行办公，2018 年 8 月社区为其提供一间办公室，2021 年调整为半层（约 120 平方米）。

（2）决策机制

在成立组织之前，组织负责人经常带领自己公司伙伴为留守困境儿童开展周末户外活动、公益夏令营、四点半课堂等志愿服务活动。组织在登记注册方面得到了周宁团县委和县民政局的大力支持，负责人说：“当时注册十分顺利，流程过得很快"。"当时没搞清楚就成立了……不懂什么是理事会和监事会……2018 年、2019 年的时候理事会、监事会没有充分发挥该有的作用……制度和章程的话，最开始也是参考了网上的。"（组织负责人）

（3）项目情况

该组织于 2017 年年底成立，2018 年即申请加入"善才种子"计划，在入选时并未承接政府购买项目。当时大部分政府部门也不太了解社会工作，没有购买社会服务的经验，几乎没有购买社会服务的意识。周宁希望当时以开展志愿服务为主，如"公益小天使"及"公益夏令营"等服务，服务经费与两名"全职"工作人员的费用几乎都来源于负责人自己的公司。

2. 组织内部资源及自身优势

周宁希望为团属社工组织，得到团县委的支持。负责人在成立周宁希望之前经营一家公司，经济收入较为稳定，这为初创期无项目无经费的组织提供了一定的支持。

负责人在创立组织前曾参与人社局青年创业项目，本人也担任青年创业导师，具有一定的个人能力与当地影响力，具备一定的与当地政府部门的交流沟通经验，在获取政策信息及政府资源等方面有一定程度的便利性。

（二）组织外部情况

1. 与当地政府的关系

周宁县希望社会工作服务中心的注册成立得到了团县委的大力支持。在成立初期，组织负责人对当地团县委及人社系统较为熟悉，但这两个部门并没有购买社会工作服务的经费预算，且当时其他部门对社工的了解不多，更没有购买服务的意识，因而周宁希望在成立初期处于无项目且无经费的状态。另外，由于负责人的企业背景，很容易让人误以为组织所开展的社会服务是企业行为，组织要想与社会各界建立信任关系就具有较多的挑战。正如负责人所说："他们会认为，我原来就是搞企业的人，你这个人就是赚钱的。所以原来的优势就会变成一个劣势……人家普遍认为我是生意人而不是个义工或者社工，所以早期就一直被拒绝……我们 2018 年、2019 年除了一个社区的服务之外，其他的都是省里的项目，还有一个基金会的项目，但就是没有本地的项目。”（组织负责人）

2. 与当地媒体的关系

由于组织负责人早先进行创业培训相关活动，与当地媒体保持一定的联络沟通，互动关系较好。

3. 与当地企业的关系

周宁希望成立之前，组织负责人与核心义工开展服务的过程中并未刻意去联系爱心企业的捐赠，但依旧有一些爱心企业会主动提供帮助。

“虽然说我知道很多企业，但我以前毕竟是做创业培训机构的，如果我现在去拉企业作为这个（资助），就有点不合适。”（组织负责人）

4. 与当地民众及服务对象的关系

周宁希望注册成立之前做义工服务时并没有刻意宣传，因而只有少部分的人知道。但在服务的过程中抱有一颗真心，服务对象能够感受到服务团队的真诚。在入选“善才种子”计划之前，组织所开展的志愿服务未成体系。

5. 与当地公益伙伴的关系

周宁县希望社会工作服务中心为周宁县首家社会工作组织，直至 2021 年当地才有了第二家社会工作组织。组织成立时当地有两家义工组织，但因做事风格不同，周宁希望在成立初期与这两家义工组织联系较少。

三、培育过程及成效

（一）理念转变及资金量变化

结合“善才种子”培育框架，在培育初期为周宁希望提供培育经费及相关课程支持。

1. 视角、理念发生变化

由于周宁希望成立较为仓促，组织负责人及另一位工作伙伴对社工的概念并不清晰，在加入“善才种子”项目之前并无项目概念，所开展的活动基本停留在志愿服务层面。组织负责人表示，“第一次课是广普老师给我们上的，讲的U型理论。这次课让我认识到了义工与社工的区别。项目管理、组织愿景、使命、价值观、发展方向等的梳理，还有财务管理等内容也都是在‘善才种子’课上学到的。”（组织负责人）

通过一系列的课程及走访交流，负责人表示自身的价值观及看待世界的视角发生了变化。首先是看待世界的视角，虽然之前做企业也会找“人的需求”，但在做周宁希望之前更多地会从商业的视角去考虑，即如何用钱去满足一些需求，关注的是有钱人的思维，更多的时候是想着生意怎么做；做了公益组织之后，会更多地从困难群体的角度来思考他们有什么样的需求。其次在价值观层面，原先会更注重经济效益，现在则会更多地去追寻生命的意义和价值，能够更好地认识到自身内在的成长。

2. 组织资金量变化

组织在成立初期没有政府购买项目，当地比较熟悉的、有购买服务意识的部门缺乏资金，而有资金的部门却不具备购买服务的意识。同时因为负责人自身的商业背景，在刚成立时较难获取来自政府、企业或社会公众的理解，因而当时经费较为缺乏。

“我们当时（2018年）有做公益小天使项目，还有给留守儿童的学校发钱做夏令营这样的……这些钱都是我们自己去付的。2018年上课后对社会工作有了一点认知，就去找社区合作，帮社区做了一段时间的‘四点半课堂’，后来社区说可以购买这个服务，就给了2.8万元的经费。”（组织负责人）

截至2019年培育完成，周宁希望发生了一系列改变：从一开始“2名工作人员”“机构员工工资需要由负责人公司支付”到“4名工作人员”“承接4个项目，有近30万元的服务经费”。此外，在开展服务的过程中，在地政府也逐渐认识到了该组织的公益初心，从一开始的“不愿相信”转变为主动找该组织购买相关服务。

（二）组织规范化及能力提升

除在理念、观念上发生变化外，组织在服务能力及整体治理的规范化程度上也有所提升。培育期间，除提供常规课程外，项目团队与周宁希望频繁进行线上交流并安排 2 次线下走访，推进该组织的规范化建设。

1. 组织制度及治理层面的规范

因该组织注册成立较为仓促，相关制度并未建立健全，在课程培育的过程中组织逐步完善了相关制度建设。

据负责人介绍："成立的时候没什么制度，章程也是参考了网上的……来'善才种子'上了课才知道有专门的财务管理制度……所有制度都是在上课的过程中慢慢建立起来的。"由于成立仓促，理事会监事会成员的选择也较为随意，"当时的理事会监事会虽然有相关的记录和文件，但实际上是没有严格按照要求进行的……在课程中也有学到，去年换届的时候我们就进行了变更。"（组织负责人）

2. 项目管理规范化能力提升

培育期间，项目团队开展了关于项目管理、机构品牌化、机构发展规划、机构愿景使命梳理、财务管理、资源管理等相关课程。提升了周宁希望项目管理规范能力，为组织申报项目、获取资金等资源带来了切实的帮助。

"在上完课后，我们会有意识地做组织管理的规范化和项目的规范化，这个对我们项目去申报会有比较大的帮助。"（组织负责人）

周宁希望在加入"善才种子"项目时尚不具备项目概念，同时处于没有项目的状态之中。经过一年的培育，该组织在 2019 年成功承接来自省厅、社区及基金会的 4 个项目，分别为省重点青少年项目、三社联动项目、社区方言评书项目及兴业证券基金会兴未来项目。

在培育过程中，该组织积极参与各类项目大赛，并于培育期内多次获取奖项。

"到 2020 年的时候，服务的那个社区拿到了'全国最美志愿服务社区'奖项，那一年我们福建省只有这一个社区获这个奖……然后那个乡政府购买的方言评书项目在 2021 年的时候拿到了全国志愿大赛的银奖……'守护勇士'后面也拿到了省里面的一个优秀奖。"（组织负责人）

奖项的获得可以证明，周宁希望的项目设计能力相较参与培育初期得到了提升，并且组织的项目管理能力在一定程度上得到认可。

(三) 品牌打造及公益生态融入

在培育的后期，周宁希望在完成组织治理规范化建设与项目管理规范化能力提升之后，项目团队对该组织的培育重点为品牌项目打造及公益生态营造。

1. 组织服务升级，孵化特色项目

周宁希望在成立初期开展“公益小天使”活动，后经进一步设计，逐渐演变为组织自己的特色项目——“守护勇士”。“公益小天使”原为一个全国性项目，但负责人认为无法作为当地特色公益项目打造，因而在原本项目的基础上增加更多的本地元素，2019 年该项目发展为周宁希望的代表项目。

“我们现在这个‘守护勇士’项目，除了城区县城外，我们在两个农村都成立了这个小分队。可以看到当地的孩子是很喜爱（这个服务）的。”（组织负责人）

2. 区域公益生态建设，形成“铁三角”联盟

在“善才种子”培育体系中加入了区域公益生态的相关设计，通过线下集中授课、区域工作坊等形式打造区域交流平台。县域公益组织可在课程中认识更多的公益组织，也可在小组讨论的过程中加深对彼此的了解，通过主题讨论激发共鸣，增进彼此联结。课后也可相互交流，经验共享、一同成长，公益组织可通过与伙伴的交流，帮助自身梳理发展思路，打造特色项目。

“（整个培育体系中）最受益的部分是平台和公益生态，在这个过程中认识了很多人，增加了见识，也获取了很多社会资源……在课程中可完整认识到社会工作的生态链，在学习的过程中促进行业交流，获取对行业的更全面的认知。”（组织负责人）

“除了上课，更重要的是平台资源……（在这个平台上）认识了新老种子还有各位老师，‘善才种子’有一个大群，老师也会经常在群里发一

些消息，这些其实是持续不断的影响，在方方面面都有影响……在学员的交流过程中，跟我同一届的东哥，还有上一届的阿福哥，我们三人就形成了‘铁三角’，我们就说希望成为有人情味的社工。”（组织负责人）

除了行业间的交流增多之外，组织的社会影响力也有所提升，社会公众对社工的认知也逐渐增加，从一开始的义工服务只有小部分人知道、链接政府资源困难，逐渐演变为很多人都知道社会工作是做什么的、政府部门（疾控、医院、司法等）会主动找周宁希望并提出购买服务的要求。

“（2018 年）那个社区购买的服务，是周宁县第一个由社区主动购买的社会工作服务；后来有一个乡镇的项目，也是镇政府自己主动提出来的要购买服务，这个目前应该是宁德市唯一一个由乡镇主动购买的社会工作服务。”（组织负责人）

四、总结

经过培育，周宁县希望社会工作服务中心呈现出了较为良好的发展态势。从原来的没有项目、到处“求”项目，到当地政府有项目就能想到周宁县希望社会工作服务中心并主动邀请其承接项目。组织在培育期内梳理了自己的资源网络并加以链接、使用，从原本的不知道有什么资源到不断增强自身的合作网络，主动沟通，主动链接，与其他县域公益组织不断交流、支持着彼此成长。

除“善才种子”项目之外，周宁希望同样参与了其他相关的学习与培训，如团省委、团市委、民政厅、民政局组织的培训，以及“香草计划”、公益慈善管理班、督导培训、公益传播班等。培育期内，组织所在地政府对社会工作的认知水平逐渐提升，除受政策大环境的推动及其他因素的影响外，也与组织自身的付出与努力分不开。“铁三角”联盟的出现也与组织负责人自身的性情、处事方式有很大关系。“善才种子”计划为县域公益组织的伙伴们提供认识与交流的契机，能够抓住机会并创造条件离不开组织自身的努力。目前周宁希望在政策倡导方面有一定的诉求，同时也在寻求着组织、行业发展的更大可能。

案例二

将乐县春风社会工作服务中心的培育

一、组织简介

将乐县春风社会工作服务中心（简称将乐春风）成立于2017年3月，业务主管单位为将乐团县委，将乐春风旨在推动城乡社区文化建设，实现和谐友爱、互助共享的文明社群，为长者、儿童、特殊群体等开展可持续有温度的专业服务。将乐春风目前主要的服务项目有社工站、禁毒社会工作服务项目、“暖心家园”计生特殊家庭服务项目、福蕾计划“情暖将乐”关爱留守困境儿童项目、流浪乞讨救助项目等。

将乐县春风社会工作服务中心在2018年接受“善才种子”项目培育前，有2名全职员工，经历2019年课程培育和2020年项目管理规范化培育后，目前有全职员工8人，兼职4人，同时有了相对多元完善的项目体系，2021年底在社会组织等级评估中被评为3A级社会组织。

二、组织培育前基本情况

（一）组织内部情况

1. 组织建设情况

（1）办公场地

将乐春风于2017年初注册成立，最开始没有办公场地，员工采取居家办公的方式。2017年成立之初，春风社会工作服务中心仅有发起人1人兼职，2018年在团县委协助下招聘了2位全职员工。

（2）决策机制

将乐县春风社会工作服务中心成立之初设有理事会，理事3人，未设监事会，有监事1人，每年召开2次理事会做工作汇报和工作计划。

（3）项目情况

2018年时，组织主要执行3个项目，分别是在主管单位团县委的协助下向当地计划生育协会购买的“青春健康教育”项目，由团省委支持的“将乐县重点青少年群体关爱帮扶”项目，及县民政局购买的“关爱留守儿童”项目。

（4）财务情况

财务方面，经费来源主要是政府购买服务的资金，日常行政工作中存在员工或志愿者分担活动经费的情况。制度建设方面，尚无完善的成体系的制度。

2. 组织内部资源及自身优势

就当地而言，将乐县春风社会工作服务中心在加入“善才种子”项目培育前已初步形成了团队，有相对较多的项目承接和执行经验。

（二）组织外部情况

组织发起人是将乐县人大代表，与当地民政等相关政府单位交流较多；业务主管单位将乐团县委对将乐县春风社会工作服务中心的支持力度较大，会协助其申请政府购买项目。

将乐春风与媒体交流较多，所开展的活动容易邀请到县媒体的跟拍，优秀内容会由县媒体向上级媒体选送；另外，按照不同项目的政府购买方级别会有不同级别的媒体报道。

将乐春风与当地企业的联系较少。

将乐春风开展的服务在当地民众中的知名度相对较高，目前有30人左右的志愿者团队，当地民众受社交媒体影响会主动加入，也有项目服务过程中的服务对象主动成为志愿者，但民众对将乐春风和社会工作行业了解不多，民众往往将组织所提供的服务当作是政府行为。

将乐春风与当地志愿者协会、健跑协会等社会组织有合作开展过活动。

三、培育过程及成效

将乐县春风社会工作服务中心在“善才种子”项目中，依时间经历了2019年第三届“善才种子”课程培训和2020年项目管理规范化两个阶段。

课程培训阶段主要由“善才种子”项目团队聘请专家学者就县域公益组织开展系统课程学习，项目管理规范化通过小额资金支持推动组织的项目设计、管理和执行能力。

（一）组织规范化及能力提升

自2019年4月起至2020年4月，将乐春风共参与了8次课程培训，内容涵盖组织治理和日常工作的不同环节，8次课程均由将乐春风发起人参与学习，其间的交通食宿补贴由“善才种子”项目支持。

将乐县春风社会工作服务中心在2019年参与了同心创始人广普老师讲授的《打开思维——向未来学习》，审视进入公益慈善行业的初心和支持自己投身这一事业的愿力。之后，依次参与学习了《公益项目设计与管理》《项目创新和项目设计的逻辑框架》《社会组织的筹资与社会组织的资源整合》《利益相关方的关系建立》《民间非营利组织会计制度》《社会组织及慈善机构的财务管理》《社会组织发展背景解析》《社会组织发展的策略选择》《社会组织的业务创新战略》《社会服务项目与组织年度运营》《志愿者管理现状与目标》《我国志愿服务发展历程与趋势》《志愿者定义与志愿者服务团队组建》《志愿者团队管理要素》《社会组织政策与法规》《社会组织活动的风险与防范》《社会组织舆情风险与应对》相关课程。

将乐春风发起人在学习报告中说道：“老师上《社会组织的资源整合及利益相关方的关系建立》这节课时，我们作为负责人更要把它学好、用好，建立自己的资源库、人才库，为将来在承接相关项目方面有更好的优势，利于组织的长期发展……通过《民间非营利组织会计制度》的学习，让我们知道财务管理方面的重要性，如果财务没有规范管理，会给组织造成致命的打击。拿组织自身真实情况来说，2019年我们承接县民政局关爱留守儿童项目在接受评估时发现我们有小额（200元以下）支出使用了收据（2019年9月份以前的收据），财务方面存在不规范的问题，造成项目的剩余资金今年6月份才拿到，所以说参加‘善才种子’项目的课程让我们在朝向规范化方向发展前进了一大步。”

将乐春风在课程培训过程中，着手完善组织的各项规章制度，建立适合组织现状的制度，尤其是财务工作方面的制度。发起人在访谈中说道："最初税务机关也不了解非营利组织的财务，没有办过民非的票据，没有办法给我们办税票……通过'善才种子'培训，学习组织规范化，按照活动支出事前申请、审核、核实、报销等规范流程操作。另外对组织的团队协作也有所帮助，改善了因为不能进行有效的沟通而造成团队成员相互抱怨，整体工作进度落后，团队凝聚力不高的问题。将乐春风发起人提到，"参加培训后知道，在今后工作中，如有意见和想法要及时跟同事和伙伴们沟通交流，才能消除误会、增加凝聚力，积众人所长，齐心协力才能把工作做好。"（组织发起人）

将乐春风发起人因为个人兴趣成立组织，经过"善才种子"的课程培训后，建立起对社会工作专业的认知，认识到需要专业能力来服务社会，主动补充学习专业知识，并且鼓励和支持组织中的伙伴学习。

（二）项目管理能力提升

课程培训结束后，将乐春风在2020年4月18日以"为了明天——将乐失独家庭特殊儿童社工服务项目"参与"善才种子"项目管理规范化，6月5日成为当年11家受支持的组织之一，获得3万元的小额项目资助金。在一年的项目执行期中，"善才种子"项目团队对将乐春风项目执行情况进行追踪和督导，协助其提升项目执行和管理能力。

"为了明天——将乐失独家庭特殊儿童社工服务项目"面向将乐县当年37户计生特殊家庭（失独家庭）中的儿童，从学业、行为、心理三方面为失独家庭特殊儿童提供帮助，促进儿童的健康成长，缓解失独老人的家庭压力。将乐县春风社会工作服务中心曾承接计生办失独家庭"暖心家园、心理慰藉"项目，"为了明天"项目是"暖心家园"的衍生项目。

将乐春风从社区、小组、个案三个方面开展活动，组织工会暑托班以及社区节假日等活动；同时开展朋辈小组等一系列小组活动，加深失独家庭儿童之间的联系；在走访中筛选出有需求的个案服务对象。中期评估中，将乐春风能组织项目培训，定时督导，通过甘特图来体现时间管理，有明确的人员配置表以及财务采购审批。“善才种子”项目团队针对项目执行中表现出的志愿者缺乏耐心，暑托班秩序较乱；服务对象年龄跨度较大、参差不齐，服务对象参与活动的配合度不够；将乐春风社工缺乏专业的个案方法，对待服务对象的不配合不知如何应对，服务对象比较抗拒社工的介入，因此个案工作方面较难开展这些问题。要引导将乐春风进行更详细的活动过程留痕，比如，前期如何更详尽地形成服务对象的需求档案，如何设计更贴近项目目标的活动方案。

在末期评估中，“善才种子”项目团队从项目服务方案设计、项目实施过程、项目运营管理、项目服务成效、项目满意度、财务管理六个维度对将乐春风的“为了明天——将乐失独家庭特殊儿童社工服务项目”进行了全面的评估，给出了良好的评价。将乐县春风社会工作服务中心能够合规地执行整个项目，在全过程进行资料合理留档；完成项目既定目标；规范记账报销；采用与服务对象交流的形式，对服务效果进行评估，受到服务对象的好评；通过联络传播渠道和自行宣传，提升组织在当地的美誉度。

通过访谈了解到，经过项目执行的实际训练和过程中的督导，将乐县春风社会工作服务中心的专业度得到了提升，找到了组织发展的参考标准和发展方向，提高了自身的服务标准。在提升组织治理的规范度之外，还与团队伙伴们一起讨论如何让项目的设计与实施效果更好，在服务过程中，有服务对象主动要求成为志愿者，失独家庭愿意主动加入活动中；组织在与当地政府部门沟通的过程中会主动分享社会工作理念。

四、总结

将乐县春风社会工作服务中心目前有全职工作人员 8 人，主要执行的项目有将乐县北片四乡镇社工站，将乐县禁毒社会工作服务项目；将乐县计生协会“暖心家园”计生特殊家庭服务项目；将乐县职工子女暑托班；将乐县民政局流浪乞讨救助项目；将乐县未成年人救助保护项目；将乐县妇联婚姻家庭等项目，年度项目资金量近百万元。通过两年“善才种子”

项目的培育，将乐春风完成了组织的合规合法化建设，提高了组织治理的标准化程度。2021 年 11 月将乐春风在社会组织等级评估中获评 3A 等级，2023 年 3 月成立了将乐县春风社会工作服务中心党支部。组织的项目执行能力得到提升，将乐县春风社会工作服务中心受到服务对象和购买方的肯定，承接政府项目的数量和资金量都在提升，目前超过 80%的项目来自政府采购，呈现良好的发展态势。

第二节　社会团体类组织培育案例

案例一

连城县义工协会的培育

一、组织简介

连城县义工协会是在龙岩义工俱乐部连城分会基础上成立的，2012 年由 7 位爱心伙伴联合发起，于 2016 年 2 月在县民政局注册。协会以“义工在行动，爱心在传递”为行动指南，以“让爱成为习惯，爱心在传递”为服务理念，长期致力于社会公益事业、志愿服务等民间自发性、互助性、非营利性的服务，目前在执行的项目有“小手牵大手，共创文明城”环保倡导项目，“阳光相伴，爱暖空巢”空巢老人关爱项目以及“暖心关爱”关爱计生特殊家庭项目等。

2018 年连城县义工协会入选“善才种子”项目，成为项目所培育的县域公益组织时，协会无专职工作人员。到培育期结束时，协会共有专职工作人员 1 名，注册会员 116 名，义工交流群内 600 余人，其中连城县义工协会交流群 269 人、连南义工分队交流群 149 人、姑田义工联络站交流群 74 人、朋口片区义工交流群 130 人。

协会先后获得的团队及个人的荣誉有：由福建省民政厅、省慈善总会举办的“善行八闽”公益大赛三次荣获组织奖；参与的福建省“善才种子”项目获《人民日报》的认可和报道；2019 年获“龙岩市脱贫攻坚工作先进集体”；2020 年获“龙岩市五四青年奖章集体”荣誉称号；在 2021 年获“龙岩市三八红旗集体”荣誉称号及“连城县计生工作先进集体”；2022 年获“连城县最佳志愿服务组织”等荣誉；2023 年获得龙岩市 2022 年度“最佳志愿服务组织”。协会 1 人获评“全国优秀青年志愿者”“全国优秀共青团员”；3 人获评福建省“五星级”志愿者；1 人获评“省五四青年奖章标兵”；2 人获评“连城县疫情防控工作先进个人”；1 人获评“创建第六届省级文明县城工作成绩突出个人”；8 人获评龙岩市三星级志愿者；4 人获评龙岩市四星级志愿者等。

二、组织培育前基本情况

（一）组织内部情况

1. 组织建设情况

（1）办公场地

协会最初的办公场所为县文明办与电力公司沟通后为协会提供的免费办公室，是街边的商铺，面积约 8~9 平方米，没有窗户与卫生间，只能放置一张工作人员的办公桌和一张容纳 17 人的会议桌，会议桌紧紧顶着办公桌，没有多余的可以挪动的空间，卷帘门拉开办公室内的场景一览无余。协会的档案材料存放于角落的铁皮柜，仅作了简单的类别区分，办公条件较差。

（2）人员情况

协会无专职人员，义工群中有义工 300 余人，其中活跃的义工百余人。协会负责人为当地一名小学教师兼任，组织活动较为积极，但协会并不具备项目设计及项目执行的能力。

当时协会正在考虑招聘全职员工，但资金不足且义工们对此看法不一。当时有十多人对“招聘受薪的全职员工”持反对意见，大多数义工认为“协会是纯公益的，不可以有人拿工资”，不能理解义工协会需要有人“专职”与“受薪”。

（3）决策机制

协会当时的决策方式为理事会决策。该协会理事的选取标准并没有能力上的要求，只考虑活动参与的次数与频率。当时协会理事会成员共17人，人数较多，分别来自各个行业，背景复杂，因而在决策上较难达成一致。在决策过程中采用线上表决的方式，理事们回复消息较慢，导致决策过程冗长，决策效率低下。

“有时候一个很小的事情要拖非常久，非常没效率，一个特别小的事，其实大家及时回复看一眼就可以过的，但是必须要三分之二的人同意才能通过。有几个不理（消息）了我们只能拖着。”（组织负责人）

此外，理事们在活动开展的方式与理念上也多有不合：“举最简单的例子吧，就是他们还停留在那个送油送米的状态，有时候像租车这种事情都会吵起来，有的理事你不听他的他会生气，然后拍桌子走人。”（组织负责人）

（4）项目情况

协会的工作以组织一次性公益活动为主。当时并不具备项目概念，所开展的活动并未项目化。活动内容及方式较为简单，主要为入户探访及物资发放、灾后募款救助、筹集善款进行个体帮扶等。活动开展较为零散，多是传统的志愿服务类型，没有持续性。

在和组织负责人访谈中了解到：“（我们）当时也不懂这些概念，就有人说这个人怎么惨了，那我们去看一看，然后没人说了，就没人理了。”包括在服务的过程中，“也不会去在意帮扶过程有什么工作方法，不考虑这些，反正来了，聊两句拍几张照片，就差不多了，我们就换一家了。”（组织负责人）

由此可以看出，协会当时没有核心的项目，协会成员没有对公益项目设计、执行、管理的认知，认为活动就是项目。

（5）财务情况

协会当时的资金来源主要是会费收入及捐赠收入，每位会员每年缴纳100元会费，会费收入万余元，县文明办每年给予协会2000元至3000元的资金补助，资金来源渠道较为单一，年度收入合计不足 5 万元，无法支持一名专职员工一年的薪资及医社保。当时开展公益活动的经费（如购买入户物资）由协会义工自愿分摊，协会未做年度财务规划，没有财务预决算的意识。

（6）制度建设

协会制度建设较为薄弱，仅有会员管理制度与财务制度，其余制度均为注册时民政部门提供的制度模板，未根据协会的实际情况进行调整修改。制度对于协会而言“只知道不能做什么、能做什么，就大概只是这个概念，没有说主动要做些什么（调整）”（组织负责人）。当时的协会管理依赖于协会会员的公益情怀与参与热情，在相关规范上约定较少。

2. 组织内部资源及自身优势

（1）协会负责人具有一定影响力，协会理事具备资源链接能力

通过访谈与查阅协会档案资料可以看出，协会负责人在当地有一定的知名度与号召力，在链接相关资源方面具有一定优势。17 名理事中有部分理事能够链接到银行及商会的资源，部分义工会自发引入社会资源，如当时入户发放物资时会链接爱心商家，这些商家多为义工自己的亲戚、朋友。

（2）协会义工基础较好

协会内部义工基数较大，活动参与度高，协会号召义工参与活动的困难较小。成员认真负责、待人真诚、志愿服务热情很高。团队成员有优化、改善组织治理模式和工作方式的想法，并在不断尝试中。

（二）组织外部情况

1. 与当地政府的关系

据受访者叙述，当时县上相关部门对公益组织的政策帮扶上较少，对于现代公益的理念认识不足，能够为协会发展提供的支持较少。

2. 当地媒体的关系

通过访谈了解到，协会在开展较大的活动时会邀请连城广播电台、闽西新闻网等媒体进行新闻报道。必要时，协会会借助当地媒体的影响力传

播活动资讯。

3. 与当地企业的关系

协会当时与当地企业的联结并不紧密。“在（参与‘善才种子’课程培训）之前没有这种观念，没有说要什么多方合作链接资源的意识”，在问及是否有与当地的企业有一些合作，受访者告知当时没有考虑也不知道(有什么企业)。服务过程中能够提供物资的爱心商家多为义工个人亲友，“因为我们义工（人数）是比较多的。那义工的朋友（在聊天的时候）会提到这些（志愿服务）的话，都会有一些资源进来。但不会有专职工作人员或者说理事团队专门去链接一些资源，也不会说维系和商家之间的关系。”(组织负责人)

当时的协会并不具备“利益相关方”的概念，对于一些由义工个人带入的社会资源的维护也较弱，多是“一次性”的捐赠关系。爱心商家提供一些物资，义工分发，而后便没有再进行反馈。

4. 与当地民众的关系

当地民众对于义工协会的认知度不高，部分居民对义工服务存在一定误解，“就是说我们太闲、吃太饱，或者会说一些‘义工小妹过来帮我家里面打扫一下’之类的话，包括朋友也会跟我开玩笑说，‘哎，那个你们义工什么时候过来我家帮忙下’”。(组织负责人)

5. 与服务对象的关系

受义工数量和注册地的影响，协会的服务对象局限于所在县的老弱病残群体。协会当时持续性救助和支持较少，以慰问式为主，上门赠予物资、简单交谈后就离开。义工们对服务对象的认识了解不够深入，彼此关系较弱。

受访义工表示：“当时觉得（送米送油）理所应当，不需要去在意他们（指帮扶对象）的想法，根本就不去考虑（帮扶对象的感受），也没有资料存档的意识，像协会早期帮扶对象及活动内容记录现在较难查证。”

6. 与当地公益伙伴的关系

除连城县义工协会外，当时该县暂无其他较活跃的公益性社会组织。

三、培育过程及成效

（一）培育支持及理念改变

通过对连城县义工协会进行组织分析之后，项目团队根据“善才种子”培育框架结合协会自身情况分析确定了对连城县义工协会第一阶段的培育计划。在这一阶段，协会主要面临的问题一是协会资金不足，二是对现代公益理念理解不够，三是协会决策效能低。

资金短缺是连城县义工协会面临的重要问题，也是项目团队协助义工协会发展需要解决的第一个问题。协会当时的资金不足以支付一名全职员工的薪资及医社保，这是理事会成员对“全职”一事存在疑虑的重要原因。培育初期，项目采取支持义工协会全职工作人员一半薪资的方式，义工协会聘请了第一位全职员工。“有全职员工”是推动连城县义工协会组织变革的开始。此外，项目团队制订了组织治理达标奖励计划，协会的治理达到了规范化的要求就可额外获得一笔奖励资金，调动组织在内部治理方面的积极性。资金支持在项目开展初期有利于项目团队与义工协会建立信任关系，同时在后续开展课程学习等方面效果显著。

“首先我们不考虑你课程的什么成效，单单冲这笔资助资金都会觉得对我们特别好了。我们到那上课了以后才知道，那个效果不单说是钱的问题了。”（组织负责人）

“对现代公益理念缺乏理解”使得协会成员对协会的治理模式与项目的理解停留在“爱心人士松散地联合与慰问式救助”的活动模式上，协会成员尤其是理事会成员对一家“以公益活动为主要服务的社会团体人员配置与项目运作模式”没有正确认知。“是否应该有受薪全职员工的分歧”始终存在。

为解决协会成员理念不同的问题，项目团队联合龙岩市青年志愿者协会、连城县义工协会于2018年12月15日在连城县举办了“圆我公益梦”志愿者骨干培训会，带领伙伴们重新认识“义工”，加深培育对象、公益伙伴及社会公众对于“善才种子”项目的理解，增进认同、共同推进公益生态营造。培训内容包含“包容、同理、以服务对象为中心、义工”等概念的普及和辨析。通过这次培训，义工协会的伙伴们对“义工”及“公益”的看法开始发生改变。在接受培训之前由于缺乏专业知识的指引，协会不知道如何开展组织治理工作，缺乏组织治理的知识与技巧。项目团队通过链接理论知识丰富的高校老师及社会组织治理实务经验丰富的人员，开设了多节有关社会组织治理的课程培训，并提供配套的社会组织治理的书籍。培训内容分别为“打开思维——向未来学习”“透明公益培训”“社会组织管理与运作”“社会组织公益项目的设计、实施与管理”“公益项目中的资源挖掘与沟通管理”“财务管理”，除社会组织内部治理的基础性通识课程外，还设置了自我觉察及个人成长类课程。通过这一阶段的培训后，课程参与者表示“在（上课）之前（协会）没有任何项目，连什么叫项目都不知道”，在经过课程培训后，参与学习的成员对项目形成了一定的概念，不再是原先埋头做事、闭门造车的状态。在这一阶段相关课程结束之后，义工协会着手对内部的财务制度进行了调整优化，迈出了组织治理规范化实质性的一步。

针对当时连城县义工协会理事会成员人数较多，内部分歧较大，决策机制不健全导致的决策效率低、决策效果不佳、理事会内部冲突频发的问题，义工协会在项目团队的协助下完善组织章程，在自愿退出的前提下，按程序进行了理事变更。理事会理事由 17 名调整至 5 名，使协会决策效率得到了极大提高。

（二）组织规范化及能力提升

在经过项目初期的理念培育与实务课程学习之后，连城县义工协会对现代公益理念和相关概念有了认知。但协会没有成型的公益项目，组织规范化程度仍较低。在资金支持的同时，项目团队以提升连城县义工协会的组织规范化水平以及项目策划执行能力为导向，对义工协会进行了长期陪伴，由富有实务经验的高校老师开展督导。

项目团队在 2020 年底前，对连城县义工协会共进行了 11 次陪伴督导，并保持不间断的辅导沟通，内容包含组织制度建设的讨论，项目申请资源情况分析梳理，探讨理事会理念；项目方案的修改支持，组织制度完善，社工考核的规范等。此外，通过陪伴为协会工作人员提供了情绪支持，提升工作人员工作的热情。协会在财务规范化方面效果明显，受访人表示，“协会一直以来都没有一份完整的年度预算，课程培训后发现预算的重要性，回来以后制作了2019年的预算，这预算有助于了解协会的资金情况，以便有方向地做相应的筹款工作。”协会逐步制定了出纳报销制度，聘用了有资质的兼职财务人员，经费审批报销凭证完整清晰。在后续的项目执行报告中经费的相关使用情况均符合规范，每场主题活动均有预算表，且资金的使用符合预算方案。账目记录清晰，资金专款专用。

2020年，连城县义工协会承接了“阳光相伴，爱暖空巢”项目，这个“三社联动”的政府购买服务项目，也是义工协会执行的第一个社会服务项目。连城县义工协会通过这一项目的执行，获得了2020年度“善才种子”项目管理规范化的支持。在该项目的末期评估中，义工协会能提供完整的服务活动计划书、甘特图、月计划表、义工登记表、服务对象档案、传播材料等服务项目的执行过程记录材料。项目服务指标完成度与项目目标达成度均达到80%以上，服务对象与购买方都有较高的满意度。

2021年，连城县义工协会在社会组织等级评估中获评4A等级，在培育过程中，义工协会完成了组织规范化的建设。在项目团队的支持下，培育出了协会的核心骨干成员与相对稳定的义工团队。协会后续又陆续承接了福建省同心慈善基金会的“大地美容”项目及“乡村阅读——人和书社”等项目，具备了一定的项目策划执行能力。

（三）公益生态融入及品牌打造

项目团队与协会一起探索如何发掘外部环境中的滋养性因素，改善协会与外部环境的互动状况，融入区域内的公益生态，营造协会健康发展的外部环境，实现二者相互适应和良性发展。并尝试协助义工协会设计品牌公益项目，以获得自我造血能力。

项目团队在陪伴督导过程中，设计了资源链接能力提升与利益相关方维护的课程。义工协会在项目执行过程中，有意识地链接当地社会资源，沟通当地爱心人士与爱心企业，培养维护捐赠方的意识，制定利益相关方沟通表单工具，通过简报、公众号推送等进行反馈，与利益相关方保持持续互动；同时，链接当地媒体资源，对协会的工作进行传播，提高协会在当地的知晓度与美誉度。通过链接政府部门、妇联、残联以及其他企事业单位的资源，协助协会承接政府购买服务，获得相对稳定的资金支持与项目支持。项目团队从生态系统视角强调集体增能出发，组织同期的“善才种子”县域公益组织互相参访，学习不同组织间的组织治理形式、制度建设、项目执行方式，让协会与其他社会组织之间结成互助小组，彼此之间相互学习，逐步融入区域性的公益生态之中。

2022年，项目团队与义工协会一起走访连城县璧洲古村落，尝试从乡村振兴的视角，发掘协会所在县域乡村文化，发现当地公益资源，支持协会设计策划乡村振兴项目。在承接政府采购项目与基金会购买项目的基础上，项目团队尝试陪伴连城县义工协会根据当地实际需要自行设计公益项目并筹措资金资源，逐步打造自有品牌，拥有自我造血、独立成长发展的能力。目前协会得到了县委、县政府的大力支持，此外县委文明办、民政局、县残联、县计生协、县妇联、团县委等部门也非常支持该协会的工作。

四、总结

在“善才种子”项目团队对连城县义工协会的长期培育与支持下，连城县义工协会逐步完成了组织规范化治理、项目规范化操作，并形成了协会的核心工作团队，拥有了相对稳定的服务项目。当地政府部门对协会的资金支持和政策支持都有一定的增加。协会在当地的认可度和社会美誉度得到提升。义工协会当前仍在探索项目品牌化与组织品牌的打造，增强自我造血的能力，探索推动当地政府与社会公众共同构建公益生态。

案例二

上杭县义工协会的培育

一、组织简介

上杭县义工协会（简称上杭义工），是在福建义工俱乐部上杭分会基础上成立的，2019 年入选“善才种子”计划。该协会于 2016 年 5 月 30 日在上杭县民政局正式登记注册，是由志愿从事社会公益、爱心事业的社会各界人士组成的民间社会团队。协会奉行“赠人玫瑰，手有余香”的义工精神，以“义工在行动，爱心在传递”为口号，以“让爱成为习惯，行动从心开始”为服务理念，开展了助学支教、禁毒戒毒宣传、法律援助、文艺慰问等便民利民志愿服务活动。

上杭义工现有义工 1000 多人，其中正式义工 176 人，专职员工 1 人。协会下设红十字义工服务团、蛟洋志愿服务队、古田志愿服务队、才溪志愿服务队、南阳志愿服务队、环保志愿服务队、“红土义警”交通志愿服务队、素爱行动让爱回家志愿服务队、传承红色基因服务队。

近年来，上杭义工先后荣获上杭县第十三届、第十四届“文明单位”称号；2019 年 12 月“素爱行动 · 让爱回家”关爱流浪人员项目在“福建省志愿服务项目大赛”中获金奖；2020 年 11 月在“第五届中国青年志愿服务项目大赛”中获银奖；协会被评为“上杭县 2019 年度新时代文明实践建设工作先进集体”“上杭县 2019 年度最佳志愿服务组织”；2021 年获评 3A 级社会组织，取得税前扣除资格；阙荣锋、邱文英先后被评为“五星级志愿者”；2023 年 2 月，邱文英荣获“龙岩市道德模范”称号。

二、组织培育前基本情况

（一）组织内部情况

1. 组织建设情况

（1）办公场所

上杭义工早期办公场地位于“老工行”，该场所为工行免费提供的办公场地，但较为破旧。之后搬至法院，但由于其他原因该办公场所无法继续使用，最终由县民政局出面联系企业，以每月10元一平方米的价格租下当前的办公场所。上杭义工当前办公场所共90余平方米，每年需缴纳约1万元的租金（含物业、水电），协会花费2万元左右对办公场所进行了简单装修。

（2）人员情况

协会在加入“善才种子”计划前没有全职员工，当年协会共有注册会员110人左右。

（3）资金情况

在加入“善才种子”计划之前，上杭义工开展活动及服务的经费主要来源于社会上的爱心捐赠以及协会会员每人每年100元的会费。据负责人告知，2019年活动经费支出约16万～17万元。上杭义工在加入“善才种子”计划前，每次开展活动时都会寻找一些临时性的赞助；同时政府会开展相关的志愿者项目大赛，以“以奖代补”的形式给予经费支持。

（4）项目情况

服务开展及项目承接方面，上杭义工在加入“善才种子”计划之前已在进行敬老、助残之类普通的志愿服务活动，活动较为零碎且缺乏持续性，此外还会协助政府举行各种相关活动。协会于2017年至2018年开展了流浪人员“让爱回家”送餐服务，但开展得较为零散，之后该服务扩展为“寻人服务”，该服务的交通费用可由县民政局进行报销。除“让爱回家”服务外，协会于2019年10月开始承接福建省同心慈善基金会“大地美容”专项，同时承接希望工程“圆梦行动”，与团县委合作开展入户走访，支持困境大学生成长，该项目每年可获取1万~2万元的服务经费。

（5）制度建设

在制度建设方面，上杭义工在2019年入选“善才种子”计划时仅有会费管理制度。

2. 组织内部资源及自身优势

上杭义工作为在上杭县最早的义工组织，在当地已具有一定的群众基础，在上杭所开展的流浪人员救助服务也具有一定的影响力。

（二）组织外部情况

1. 与当地政府、媒体及企业的关系

据负责人表述，上杭县义工协会在刚注册成立的时候与政府的关系较薄弱，当时得到的来自政府部门的支持相对较少；在地媒体资源较不丰富，与媒体联系较少，报道数量不多；企业方面的资源也几乎没有联结。

2. 与当地民众、服务对象的关系

上杭县义工协会主要通过微信朋友圈等熟人网络发展义工，在加入“善才种子”计划时，协会仅有1~2支志愿服务队伍。当时协会开展流浪人员救助相关服务，会对受助对象进行长期的回访。

“比如说我们有个蒙古族大叔。这个人其实我很早以前就把他送回家了。后期我们也帮他去对接当地的村委会……帮他办户口办低保。办完以后因为他现在家里的兄弟都没了，我们就让他去当地的敬老院住。”（组织负责人）

3. 与当地公益伙伴的关系

2019年上杭县仅有2家民间公益组织。上杭县义工协会与同时注册成立的另一家公益组织经常交流，开展探讨，但因为涉及的领域不同，未曾一起开展服务。

三、培育过程及成效

上杭县义工协会于2019年入选第三届“善才种子”计划。上杭义工获得5万元非限定性资金支持与“善才种子”课程培训与督导的支持。

（一）资金支持

“善才种子”项目团队与上杭义工约定，协会所获的5万元小额非限定性资金支持需用于协会第一位全职员工部分薪资支持与参与“善才种子”课程培训支出，剩余部分由协会自由支配。当年，资金除全职员工薪资与参与课程培训经费外，协会将余下的资金用于执行“素爱行动，让爱回家”关注流浪人员项目。

协会在入选“善才种子”计划之前并无全职工作人员，日常行政工作、档案管理、义工管理、活动执行过程记录都较为混乱，项目运作能力不足，服务开展的数量少且可持续性弱，缺乏组织发展的基本要素。在入选“善才种子”计划后，在项目非限定资金的支持下，协会聘请了第一位全职员工。

“素爱行动，让爱回家”关注流浪人员项目由上杭义工为流浪人员及部分有需要帮助的孤寡老人、环卫工人送爱心晚餐，为流浪者寻找亲属，是自2017年起开始执行的项目，也是上杭义工执行得最久的项目。“善才种子”的资金支持使协会可以更加稳定地执行这一项目，扩大项目的覆盖范围。2019年在福建省志愿服务项目大赛中，上杭县义工协会的“素爱行动，让爱回家——关注流浪人员”项目在参与评选的414个项目中获得金奖，引起当地民政部门的重视，开始向协会购买社会服务。

资金支持为初创期的上杭县义工协会注入了组织发展的活力，访谈中协会发起人也反复提到了资金支持的重要性，该笔资金使协会有能力聘请全职员工，有动力参与组织发起的相关学习，也为后续稳定持续地执行项目提供了助力。

（二）组织规范化及能力提升

上杭县义工协会全程参与了第三届“善才种子”的8次课程培训，课程包括“打开思维——向未来学习”“公益项目设计与管理”“项目创新和项目设计的逻辑框架”“社会组织的筹资”“社会组织的资源整合及利益相关方的关系建立”“民间非营利组织会计制度”“社会组织发展背景解析”“社会组织发展的策略选择”“社会组织的业务创新战略”“社会服务项目与组织年度运营”“志愿者管理现状与目标”“我国志愿服务发展历程与趋势”“志愿者定义与志愿者服务团队组建”“志愿者团队管理要素”“社会组织政策与法规”“社会组织活动的风险与防范”“社会组织舆情风险与应对”。

通过课程培训，该协会在系统地学习了组织治理、项目设计与执行的相关实务后，协会负责人表示：“通过课程的培训，系统性了解了有关组织治理的基本理论知识，切实帮助协会掌握了多渠道筹资、链接资源、与利益相关方对话的技能技巧，以及组织治理的具体内容和操作技巧，为其开展组织治理工作提供了技术和知识支撑。”（组织负责人）

课程培训的同时，“善才种子”项目团队聘请专家和资深从业者组建督导队伍，对协会进行财务指导、项目执行及组织治理的现场督导。督导小组对协会的财务工作进行了详细的诊断，形成财务问题及应对方案，列举出财务工作中出现的细节问题，如记账科目核算错误、项目独立核算、票据使用错误、差旅标准不清等问题，一一指导给出解决办法，并向协会提供了《公益组织财务管理制度模板》《物资出入库登记表》等财务工具表单。

（三）项目执行能力与业务结构多元程度提升

“善才种子”项目团队采用“项目推动”的方式，希望培育上杭县义工协会项目管理规范化能力，协助其学习项目设计知识，梳理项目方案，提升项目设计能力。在项目运行过程中，对其进行项目规范化执行提供相关指导，对项目执行中遇到的困难内容进行追踪。

在培育过程中，课程培训和督导分别配合实务运用，使协会在项目执行理念、流程、工具使用、资源链接等方面都不断地进步。协会作为志愿服务组织，从最初进行志愿服务没有规划的一次性简单捐赠，向专业化、目标导向的项目化转变，开始意识到项目的稳定性及可持续性的重要性，也逐渐明确了义工服务的专业能力要求和工具使用要求。在“善才种子”项目团队的协助下，上杭义工开始注意项目执行过程中操作的合法合规性，在项目执行过程中有了整体流程和思路，学会了活动方案策划和预算制定，主要服务过程记录留痕与活动的传播，开始从一次性服务转变为跟踪服务对象的改变，项目的执行能力与服务效果均得到提升。

在业务结构上，协会在培育过程中逐渐提升业务结构的多元程度。2019 年 10 月起开始执行福建省同心慈善基金会的“大地美容”项目；2019 年底与恒安集团合作，在全市范围内开展 100 期“成长的翅膀”青春期女孩成长及性教育专题讲座项目；与当地团县委合作执行“希望工程圆梦行动”的入户走访工作；2020 年 5 月为承接政府购买服务项目，上杭义工发起设立了上善社会工作服务中心。

四、总结

上杭县义工协会在加入“善才种子”计划的初期对组织治理并没有相关的概念。在培育结束时，协会的组织规范化程度已得到明显提升，当地政府对协会所能发挥的作用有了更清晰的认识，协会在地联结程度有所增强。课程培训和实地督导切实提高了上杭县义工协会的组织规范化程度与项目管理能力。在“善才种子”项目团队的协助下，协会于 2021 年 4 月在社会组织等级评估中获评 3A 等级。除政府资源外，培育期间协会依托“善才种子”平台主动外出学习，与其他组织交流联络，掌握更多外部资源的获取渠道，不断拓宽自身的资金来源范围。除经费增加外，组织中人员的观念也发生了一定改变，对公益行业有了更清晰的认知，对协会的发展方向有了更清楚的定位。当前协会与上善社工共同协作，继续在“社工与义工的双工联动发展”的道路上不断探索。

第六章

县域公益组织培育过程的工具与表单

第一节　项目前期运行所用的工具及表单

一、项目调研

为了获得县域公益组织的基本情况及支持需求，为培育方案设计提供依据，项目团队需要开展县域公益组织调研工作。为此，项目团队设计了调研方案，采用问卷调查与实地走访等方式收集基本情况与需求。调研遵循社会科学研究方法，先设计调研方案，并按照方案实施调研活动。

（一）调研方案

1. 调研目的

确定调研目的，调研福建省内县域公益组织的生存状态与环境、组织发展需求，为项目设计及执行积累一手资料，对县域公益组织的生存情况做基线测量。

2. 调研对象及抽样方法

调研对象为福建省内县域公益组织，抽样的方法是分层随机抽样，即先根据社会经济发展水平及公益慈善发展水平将这些组织的分布地划分为三个片区，在这三个片区里按照方便原则，选取申请加入培育计划的县域公益组织作为调研对象。

（1）分层

××、××两个市为 A 区县域；××、××、××为 B 区县域；××、××、××、××为 C 区县域。

（2）抽样（县）

抽样以典型、方便调查的原则选取县。如 A 区需资助相应取少数、B 区取中间数量、C 区取大数。

表 6-1 县级抽样表

片区	市	县域
A 区		
B 区		
C 区		
合计		

（3）抽取组织

表 6-2 组织抽样表

市（组织数）	县域	联系的公益组织

3. 调研工具与方式

（1）调研工具

根据培育所需要了解的情况，设计福建省县域公益组织生存现状调查问卷及福建省县域公益组织访谈提纲，运用问卷和访谈大纲进行访谈。

（2）调研方式

调研采取访谈法、网络电子问卷、文献核查三种方式进行。对于可以走访的组织，采用走访面谈法，进行访谈调研；对于不方便实地调研的组织，通过电子邮件及微信的途径，分发调查问卷，邀请对方填写问卷。除获取一手资料外，采用间接的方法获得各地组织的资料，主要是查找相关的文献与第三方资料进行信息收集。通过各县的民政局、省社会组织管理局获得相关的组织信息，或通过现有资料，进行资料研究，了解各组织的状况。

4. 调研方法及具体实施

（1）问卷调研

问卷调研，由申请资助的组织负责回收当地的问卷并推荐；对于没有组织提交申请的区域，由相邻地区有联系的各组织负责人联系当地的组织，邀请当地组织填答问卷并推荐给其他的组织。

因此，××（名字）负责××市，××（名字）负责××市等，推动这些组织填答，并督促这些组织向别的组织推荐其他组织填写。

此项工作，在××月××日前完成。

流程为：打电话给这些组织，谈推荐，填问卷的义务（有申请的组织）或者意义；限时内完成并回收。

（2）实地走访

①根据实际能力，选择走访县域公益组织。

②××负责××；××负责××。

③各地走访，应于××月××日前结束并提交访谈记录，记录需交电子版。

④走访流程：先联系对方，确定访谈时间；到当地找到联系方；参考访谈提纲，围绕着访谈的目的作深度访谈；填写并上交访谈记录。

5. 调研程序及时间安排

调研的程序与时间安排，是进行科学调研的重要环节。为此，调研按照实际需求，设计了 7 个方面的内容，分别安排时间与负责人负责事项的进行。

表 6-3 调研进度安排表

序号	调研进程表	时间	负责人
1	调研准备工作	××月××日	××、××
2	设计问卷和访谈大纲	××月××日	××、××
3	调查	××月××日—××月××日	××
4	资料的收集整理分析	××月××日—××月××日	××、××
5	撰写调研报告	××月××日—××月××日	××
6	提交调研报告	××月××日	××
7	完成检测的时间	××月××日	××

6. 注意事项

调研工作需要各方准备好条件，做好物质与精神的准备。为此，调研主要提醒注意以下事项。

（1）工具的准备

问卷的推送技巧讲解、访谈提纲及录音笔、记录本。

（2）出差的注意事项

安全、事先准备、车票保管、差旅票据、财务规范。

（3）访谈技巧的准备

联系的技巧、见面的技巧、访话的技巧、记录的技巧、结束的技巧。

（4）伦理问题

保密、遵守双方的约定、尊重与平等、不接受宴请。

（二）调研报告的结构框架

在问卷回收及访谈完成后，进入数据分析与调研报告的撰写阶段，调研报告的结构框架如下：

1. 导言

说明调研的背景，为什么会开展调研，以及调研希望了解的问题和需求。

2. 正文

（1）第一节　福建省县域公益组织总体生存状况

简述福建省公益组织的数量、发展情况、生存状况、分级情况等。

①组织数量情况：从组织数量上进行分析。

②组织类型结构：从组织类型结构上进行分析对比。

③组织区域分布情况：从区域分布情况结合地区经济、组织活跃度进行分析。

④组织服务领域情况：按社会组织的服务领域情况进行分析对比。

⑤组织基础设施情况：从办公场地、办公设备、全职员工情况、资金来源等方面进行分析。

（2）第二节　福建省县域公益组织发展的瓶颈

从社会、政府、内部治理等方面简述。

①组织发展内部困境：组织使命陈述方面的问题；组织制度方面的问题；组织架构问题；组织能力建设方面的困境。

②组织发展的外部环境困境：政府系统的支持；县域现代公益文化；社会认知度与认可度。

③组织与外部环境互动的困境：与政府部门互动；公益行业间的互动；与社会力量的互动。

（3）第三节　县域公益组织的培育需求

①协助组织治理创新的需求：有明确组织使命的需求；协助组织者实现价值与使命的组织化；协助组织进行组织体系再造。

②获取资金支持的需求。

③能力建设的需求：员工个人能力提升的需求；组织发展能力提升的需求。

④内部制度建设的需求。

⑤外在环境改善的需求。

二、培育对象筛选及基线测量

为了更好帮助县域公益组织完成报名，并且在所提交的报名资料中能够快速筛选出符合培育条件的组织，项目团队设计了《“善才种子”县域公益组织报名表》并发布项目招募信息，在收到县域公益组织的报名表后，按报名资料进行初审，然后对初审通过的组织进行现场走访。现场走访中，项目团队不仅填写《“善才种子”县域公益组织访谈表（初选）》，还需按照“善才种子”项目提出的组织治理合法化、服务规范化、项目品牌化、区域公益生态化的“四化”框架，参考社会组织等级评估的指标综合制定出《星级评估指标表》（社会团体类、社会服务类），对所走访的县域公益组织进行前测打分，了解组织的现状，确认培育基线。进入培育过程后，项目团队还将通过前测、中测与后测（星级评定）的对比数据来判断组织培育效果。

以下是该部分需要用到的相关表单和模板工具清单：

1. “善才种子”县域公益组织报名表；
2. “善才种子”县域公益组织初选访谈表；
3. 星级评估指标表（社会服务类）；
4. 星级评估指标表（社会团体类）。

完整表格可参见后文。

（一）县域公益组织报名表

表 6-4　“善才种子”县域公益组织报名表

“善才种子”县域公益组织报名表	
组织名称	
统一社会信用代码	
组织类型	
注册时间	
注册地	
具体地址	
专职人员数量	
兼职人员数量	
负责人	
职务	
手机	
邮箱	
项目对接人	
手机	
邮箱	
免税资格	
发票类型	
上一年度运营经费总额	
上一年度资产负债表	
上一年度现金流表	

续表

"善才种子"县域公益组织报名表	
年检或年报材料	
银行开户名	
开户银行	
开户账号	
组织简介	
申请说明	
备注	

(二)基线测量

表 6-5 "善才种子"县域公益组织初选访谈表

<table>
<tr><td colspan="5">"善才种子"县域公益组织访谈表(初选)</td></tr>
<tr><td colspan="2">访谈对象(组织名称):</td><td>被访谈者(职务):</td><td colspan="2">访谈时间: 年 月 日</td></tr>
<tr><td>序号</td><td>访谈问题维度</td><td>访谈问题</td><td>回答</td><td>备注</td></tr>
<tr><td>1</td><td>组织基本情况</td><td>1. 组织是哪年成立的?是社会服务还是社会团体?
2. 目前服务对象群体是什么?主要做什么服务?
3. 目前总共有多少工作人员?(追问:人员结构主要是什么样的?其中专职的有几个?兼职的有几个?骨干志愿者有几个?)
4. 现有的硬件条件有什么,能否告知一下组织的资金情况</td><td></td><td></td></tr>
<tr><td>2</td><td>组织成立的初心</td><td>1. 当初为什么想成立这家组织呢?(追问:组织发展至今,是想单纯做公益或服务,还是想要朝向规范化和专业化方向发展呢?)
2. 成立过程中有遇到什么困难?如何解决的?
3. 组织成立过程中有没有什么让你印象深刻的事情</td><td></td><td></td></tr>
</table>

续表

“善才种子”县域公益组织访谈表（初选）				
访谈对象（组织名称）：		被访谈者（职务）：	访谈时间： 年 月 日	
序号	访谈问题维度	访谈问题	回答	备注
3	组织建设情况	1. 是否有比较完整的章程、物资、财务、人力管理等有关制度？ 2. 是否有明确的组织框架呢？ 3. 是否有制定短期、中期或长期发展规划？（追问：有的话，请您讲一下组织的中长期规划） 4. 能谈一下组织的人员管理制度吗？主要是人员的薪酬、奖惩设置和培训方面。 5. 当前在组织治理过程中遇到了什么困难？遇到这些困难，你们采取了什么措施和努力？ 6. 财务管理和报销等方面，人员分工、目前执行的服务项目或活动的情况		
4	服务技能与知识条件情况	1. 组织里有没有人受过社会服务项目设计与项目执行管理方面的训练？如果有，接受过哪些方面的培训？ 2. 当前最想要训练的知识与技能是什么？ 3. 能谈谈您组织做服务活动时有用到哪些表单工具吗		
5	影响组织发展的因素	1. 您认为影响组织发展的因素有什么？其中哪些是内部因素，哪些是属于外部环境因素？ 2. 组织在现阶段发展运作过程中遇到了什么困难？（追问：您认为哪些是自身努力可以克服的困难，哪些是组织目前没有能力解决的困难？） 3. 在遇到这些困难的时候，组织是采取了哪些措施和努力来积极应对的？请举例。 4. 您组织的利益相关方主要有哪些，与他们的关系如何？ 5. 是否有聘请外部督导来支持组织的发展？（内部因素一般有领导者管理、制度建设、团队能力、福利待遇；外部因素一般有政策情况、相关利益方等）		

续表

“善才种子”县域公益组织访谈表（初选）				
访谈对象（组织名称）：		被访谈者（职务）：	访谈时间： 年 月 日	
序号	访谈问题维度	访谈问题	回答	备注
6	组织发展中的重要节点与初心	1. 组织发展过程中有哪些重要事件或节点让您印象深刻？请举例（追问：这些事件或人物对您产生了什么样的影响） 2. 组织逐步发展至今，是否还保持着跟当初成立时一样的初心		
7	职业认同	1. 您认为您自己或组织中的工作人员对现在的工作满意吗？ 2. 您自己觉得做了哪些比较有意义的服务工作？请您举具体的例子说说		
注：本表格适用于新种子县域公益组织的访谈。访谈的目的，是要了解新种子县域公益组织的基本信息和组织建设基本情况，了解受访谈的组织是否符合资助范围。访谈应该着重信息的广泛全面性，访谈过程注意观察，过程中需要记录、拍照或录音（录音需提前告知对方），保留好过程痕迹。				

表 6-6　星级评估指标表（社会服务类）

机构名称				评估时间：		
序号	类别	内容	内容说明	内容指标	分值	得分
1	基本条件（25 分）	法人资格	1. 法人资格包括法定代表人的产生、活动资产、办公条件、专职人员；	1. 组织有固定的活动场所和办公条件、有明确的章程，组织有关名称在显眼处可见到	5	
		章程	2. 章程有关内容严格按照民政部制定的《民办非企业单位章程示范文本》制定；	2. 法定代表人是按章程程序产生的	5	
				3. 至少有一名（含）专职工作人员	5	
		年度检查	3. 按时向业务主管单位和登记管理机关报送年度检查工作报告和相关材料	4. 按章程规定召开理事会，如果有修改章程，程序合法并向有关机关报备	5	
				5. 按时年检或年报，且年检、年报过关	5	
2	内部治理（25 分）	团队组织架构	1. 有团队组织架构，人员明确、职责分工清楚；	1. 有成文的团队架构图，团队应包括中心主任（总干事）、项目主管、一线社工（工作人员）的上下级别关系，以及每个角色所对应的分工，职责清楚明了	5	
		人力资源	2. 管理制度围绕如何发挥团队最大力量、提升团队专业能力和服务水平，而设计的一系列规范和保障	2. 组织应该有包括人力、物力、财力等一系列的制度并执行	5	
				3. 有全职人员的组织应该有聘用、薪酬、奖惩、培训、考核等制度并执行	5	
		管理制度		4. 有理事会、例会、培训、督导、团建等形式体现团队的管理事项	5	
				5. 有成文的团队中长期规划，且规划科学可行，符合组织发展轨迹	5	

续表

机构名称：				评估时间：		
序号	类别	内容	内容说明	内容指标	分值	得分
3	服务过程管理（16分）	服务流程 服务质量 服务效果 资源管理 安全与风险管理 相关利益方管理	1. 服务流程包括从活动计划书撰写到审批到活动执行到管理的整个过程； 2. 服务效果包括服务产出和成效，即服务完成情况和服务的社会影响力； 3. 资源管理包括人力、物力、财力等管理； 4. 安全与风险管理包括了项目团队人员、服务对象、志愿者的人身安全、环境安全； 5. 有相关利益方资源名单	1. 针对不同类型的服务有统一的活动套表、工具	2	
				2. 具备项目设计能力，曾成功申请过项目资助	3	
				3. 活动有服务审批流程，需要项目主任或督导老师审核把控	2	
				4. 服务能达到预期效果，有一定可视化的产出，能得到服务对象的认同	2	
				5. 有安全和风险管理制度，面对风险，能及时采取应对措施，制定应急预案	2	
				6. 有形成各类资源名单，有资源的管理与使用痕迹	1	
				7. 懂得向政府、社会申请相关资源，曾成功申请过相关资源	2	
				8. 通常定期以微信、电话、工作汇报等形式进行利益相关方管理，有各类形式的沟通痕迹	2	

续表

机构名称：				评估时间：		
序号	类别	内容	内容说明	内容指标	分值	得分
4	财务管理（20分）	财务制度	有制度	1. 根据《民间非营利组织会计制度》制定的财务管理制度	4	
		财务人员	财务人员合规	2. 财务人员要有资质，最好是有专职或专门的财务组织负责	2	
				3. 有清晰的审批流程，至少两级审批	2	
		财务管理	财务制度有执行、管理规范	4. 项目独立核算，有项目专项的财务报表，并有项目负责人、财务负责人签名	2	
				5. 票据的使用和管理合法合规，每项支出有记录及凭证可查	5	
		财务监督	有财务方面的监督	6. 年度财务报告合格	5	
5	档案、证章管理（10分）	档案、证章管理制度	1. 建立有规范的档案管理制度，档案资料齐全、整理有序；	1. 档案分门分类，比如项目合同、项目人员资料、项目服务资料、项目相关管理制度资料等	3	
				2. 档案有纸质档案和电子档案两种类型	2	
		保管与使用	2. 有印章保管和使用制度，印章使用符合制度要求	3. 档案、印章要有专人管理，使用需申请，保存至少要有防潮防水防火带锁的档案柜	5	
6	宣传管理（4分）	宣传管理制度	含活动通讯稿、资金使用公示、大型活动、线上及传统媒体宣传报道等，宣传形式多样，包含传统媒体，如纸媒、电视台等，新兴媒体，如微信公众号、网站、抖音等平台	有宣传意识，善于利用多渠道、多平台对项目或组织进行宣传推广，打造服务品牌，注重服务对象评价和社会口碑	4	
评估总分				评估人：		

表 6-7　星级评估指标表（社会团体类）

机构名称：				评估时间：		
序号	类别	内容	内容说明	内容指标	分值	得分
1	基本条件（22 分）	法人资格	1. 法人资格包括法定代表人的产生、活动资产、办公条件、专职人员；	1. 组织有固定的活动场所和办公条件、有明确的章程，组织有关名称在显眼处可见到	3	
				2. 法定代表人是按章程程序产生的	4	
		章程	2. 章程有关内容符合《社会团体登记管理条例》及相关法规；	3. 组织内至少有一名固定的、能参加培训及其他活动的兼职人员	5	
		年度检查	3. 按时向业务主管单位和登记管理机关报送年度检查工作报告和相关材料	4. 按章程规定召开会员(会员代表)大会、理事会;如果有修改章程,向有关机关单位报备	5	
				5. 按时年检或年报，且年检、年报过关	5	
2	内部治理（22 分）	团队组织架构	1. 有团队组织架构，人员明确、职责分工清楚；	1. 有成文的团队架构图，团队应包括会员（会员代表）大会、理事会、监事会、执行人员，每个角色所对应的分工、职责清楚明了；名单确实、对应得上	4	
		人力资源管理制度		2. 组织应该有包括人力、物力、财力等一系列的制度	4	
		内部治理活动	2. 管理制度围绕如何发挥团队最大力量、提升团队专业能力和服务水平而设计的一系列规范和保障	3. 有全职人员的组织应该有聘用、薪酬、奖惩、培训、考核等制度	2	
				4. 有会员(会员代表大会)、理事会或例会、培训、督导、团建等形式体现团队的管理事项	4	

续表

机构名称：				评估时间：		
序号	类别	内容	内容说明	内容指标	分值	得分
2	内部治理（22分）	内部治理活动	2. 管理制度围绕如何发挥团队最大力量、提升团队专业能力和服务水平而设计的一系列规范和保障	5. 要按照章程开展活动，会员（会员代表）大会、理事会活动真实	4	
				6. 进行不同的团队建设活动，包括培训、激励、学习等活动	4	
3	服务过程管理（22分）	服务流程	1. 服务流程包括从活动计划书撰写到审批到活动执行到管理的整个过程；	1. 针对不同类型的服务有统一的活动套表、工具	2	
		服务质量		2. 具备项目设计能力，曾成功申请过项目资助	3	
			2. 服务效果包括服务产出和成效，即服务完成情况和服务的社会影响力；	3. 活动有服务审批流程，需要项目主任或督导老师审核把控	3	
		服务效果		4. 服务能达到预期效果，有一定可视化的产出，能得到服务对象的认同	3	
		资源管理	3. 资源管理包括人力、物力、财力等管理；	5. 有安全和风险管理制度，面对风险，能及时采取应对措施，制定应急预案	3	
		安全与风险管理	4. 安全与风险管理包括了项目团队人员、服务对象、志愿者的人身安全、环境安全；	6. 有形成各类资源的名单，有资源的管理与使用痕迹	2	
				7. 懂得向政府、社会申请相关资源，成功申请过相关资源	3	
		相关利益方管理	5. 有相关利益方资源名单	8. 通常定期以微信、电话、工作汇报等形式进行利益相关方管理，有各类形式的沟通痕迹	3	

续表

机构名称：				评估时间：		
序号	类别	内容	内容说明	内容指标	分值	得分
4	财务管理（20分）	财务制度	经费来源合法，资金使用合规，按制度、流程合理管理每一笔费用，定期公开公示，接受监督	1. 有根据《民间非营利组织会计制度》制定的财务管理制度	4	
		财务人员		2. 财务人员要有资质，最好是有专职或专门的财务团队负责	4	
		财务管理		3. 项目独立核算，有项目专项的财务报表，并有项目负责人、财务负责人签名	4	
				4. 有清晰的审批流程，至少两级审批，票据的使用和管理合法合规，每项支出有记录及凭证可查	4	
		财务监督		5. 年度财务报告合格	4	
5	档案、证章管理（10分）	档案、证章管理制度	1. 建立有规范的档案管理制度，档案资料齐全、整理有序；	1. 档案分门分类,比如项目合同、项目人员资料、项目服务资料、项目相关管理制度资料等	3	
				2. 档案有纸质档案和电子档案两种类型	2	
		保管与使用	2. 有印章保管和使用制度，印章使用符合制度要求	3. 档案、印章要有专人管理，使用需申请，保存至少要有防潮防水防火带锁的档案柜	5	
6	宣传管理（4分）	宣传管理制度	含活动通讯稿、资金使用公示、大型活动、线上及传统媒体宣传报道等，宣传形式多样，包含传统媒体，如纸媒、电视台等，新兴媒体，如微信公众号、网站、抖音等平台	有宣传意识，善于利用多渠道、多平台对项目或组织进行宣传推广，打造服务品牌，注重服务对象评价和社会口碑	4	
评估总分				评估人：		

第二节　课程培训模块运行的工具表单

一、课程指导思想

“善才种子”培训课程依照“三阶四化二力一起走”的培养策略设计培训步骤，以提升县域公益组织生存力与发展力为培育方向，分阶段进行培训。

课程第一阶，激发并提升县域公益组织合法化、规范化生存的意识，采用的策略是组织治理达标奖励、组织间互动与互助、资源获取渠道与资源整合知识的学习。

课程第二阶，挖掘组织发展能力、形塑组织形象，采用的策略是小额奖励项目规范化执行资助金、跟进与指导项目设计与执行过程、协助组织进行项目的品牌化，协助塑造组织形象，相应的课程是项目设计与管理、资源筹措与对接、项目经验总结与梳理、项目品牌化建设等。

课程第三阶，环境改善与善循环，采用的策略是以县域公益组织的品牌项目及组织形象，吸引社会关注，激发乡贤或者企业对善的认同与支持，让乡贤、企业与个人成为更多“善”的种子。这就需从环境及其与环境的互动方面给予支持。即建构支持的生态圈，运用与当地社会组织管理部门、社会组织行业协会、支持型社会组织的合作的方法，撬动当地社会各界力量支持县域公益组织的发展；为对家乡公益事业有兴趣的企业、社会组织与县域公益组织搭建桥梁，促进他们对家乡公益组织的了解与支持；采用牵手计划，推动外地全职公益人与家乡公益的对接与交流。

二、课程模式设计

课程按照组织治理合法化、组织服务规范化、服务项目品牌化、区域公益生态化的“四化”为目标，以理论学习、案例学习、工作坊、游学、私董会、沙龙等为学习形式。

（一）课程模块设计

设置组织合法化、组织规范化、组织品牌化、区域生态化四大模块课程。组织合法化模块设置公益服务基本伦理、公益组织法律规范、组织治理课程帮助县域公益组织了解法规边界，依法合规开展公益服务。组织规范化模块设置了财务管理、项目设计、项目管理、项目评估等课程，为组织的规范化治理提供全面、有实操意义的组织治理能力建设。组织品牌化模块从公共关系及媒体关系视角设置了“社会资源动员”“社会组织品牌化建设与传播”等课程，为组织的品牌化运营提供参考。区域生态化模块通过主题游学与沙龙等交流，促进区域公益生态的形成。

（二）课程安排

“善才种子”课程在两年的学习周期中计划开设必修课 16 门，84 学时，计 14 天。同时还开设游学、私董会、沙龙等选修课。必修课学习模块为：组织伦理、合法合规、组织治理、项目管理、公共关系、媒体关系；选修课模块为：资助型基金会与受资助方合作、“善才种子”组织问题与诊断、地区公益组织联合体构建与交流、搭建多元公益组织与资助方的交流互动平台。在课程中使用《培训课程签到表》确认参训人员并统计参加培训情况。课程结束后向参训人员发放并填写《培训课程满意度调查表》，以便跟进并改进课程。

表 6-8　“善才种子”课程体系

目标	模块	课程主题	讲授形式	课时	上课顺序
破冰	开启学习	体验式破冰学习	体验式	0.5 天	1
合法化	组织伦理	公益服务基本伦理	案例	0.5 天	4
	合法合规	公益组织法律规范	案例	0.5 天	3
规范化	组织治理	社会组织内部治理	工作坊	1 天	6
		社会组织财务管理	理论+案例	0.5 天	5
		愿力驱动型组织构建	理论	1.5 天	2
		义工与员工管理	工作坊	1 天	7
		团队建设的设计与实施	工作坊	0.5 天	8
		资助申请与反馈	案例+工作坊	1 天	9

续表

目标	模块	课程主题	讲授形式	课时	上课顺序
规范化	项目管理	项目设计	案例+工作坊	1 天	10
		项目实施过程管理	案例+工作坊	1 天	11
		项目监测评估模式总结	案例+工作坊	1 天	12
品牌化	公共关系	社会资源整合	案例+工作坊	1 天	13
		乡村振兴视角下的社会组织	理论+案例	0.5 天	14
		项目大赛参赛技能与方法	案例+工作坊	1 天	15
	媒体关系	社会组织品牌建设	工作坊	1 天	16
		社会组织传播策略	工作坊	1 天	17
生态化	主题游学	资助型基金会与受资助方合作	游学	1 天	2 次
	公益私董会	"善才种子"组织问题诊断与分析	私董会	1 天	2~3 次
	地区公益交流	地区公益组织联合体构建与交流		1 天	
	公益主题沙龙	搭建多元公益组织与资助方的交流互动平台	沙龙	1 天	2~3 次
结课	毕业	毕业典礼		0.5 天	

表 6-9 "善才种子"必修课课程表

目标	模块内容	课程主题	讲授形式	课时	上课顺序
破冰	开启学习	体验式破冰学习	体验式	0.5 天	第一次
规范化	组织治理	愿力驱动型组织构建	理论	1.5 天	
合法化	组织伦理	公益服务基本伦理	案例	0.5 天	第二次
	合法合规	公益组织法律规范	案例	0.5 天	
规范化	组织治理	社会组织内部治理	工作坊	1 天	
规范化	组织治理	社会组织财务管理	理论+案例	0.5 天	第三次
		团队建设的设计与实施	工作坊	0.5 天	
		义工与员工管理	工作坊	1 天	

续表

目标	模块内容	课程主题	讲授形式	课时	上课顺序
规范化	组织治理	资助申请与反馈	案例+工作坊	1 天	第四次
	项目管理	项目设计	案例+工作坊	1 天	
规范化	项目管理	项目实施过程管理	案例+工作坊	1 天	第五次
		项目评估与模式总结	工作坊	1 天	
品牌化	公共关系	社会资源动员	案例+工作坊	1 天	第六次
		项目参赛技能与方法	案例+工作坊	1 天	
品牌化	媒体关系	社会组织品牌建设	工作坊	1 天	第七次
		社会组织传播策略	工作坊	1 天	
品牌化	公共关系	乡村振兴与社会组织	理论+案例	0.5 天	第八次
结课	毕业	毕业典礼		0.5 天	

表 6-10 “善才种子”选修课课程表

目标	模块内容	课程主题	讲授形式	课时	上课顺序
生态化	主题游学	资助型基金会与受资助方合作	游学	1 天	2 次
	私董会	“善才种子”组织问题诊断与分析	私董会	1 天	2~3 次
	地区公益交流	地区公益组织联合体构建与交流	–	1 天	–
	公益主题沙龙	搭建多元公益组织与资助方的交流互动平台	沙龙	1 天	2~3 次

表 6-11 培训课程满意度调查表

姓名：	内容
您所在的组织名称	
您对本次课程培训的整体评价是什么	
本次课程培训的时间以及时长安排合理	
本次课程培训安排的场地及设施舒适便利	

续表

姓名：	内容
本次课程培训设计内容贴近您的需求（针对性）	
本次课程培训内容便于在日后工作中运用（实用性）	
会务工作人员是否准备充分、服务质量好	
您对课程××××××的接受度如何，满分 10 分会打几分	
您对课程××××××的认知的接受度如何，满分 10 分会打几分	
通过课程×××××××，您收获了哪些知识，具体分享一下	
通过这次培训，您对课程×××××的认知有什么更深层次的了解，具体分享一下	

第三节　组织建设模块运行的工具表单

为了更好地帮助县域公益组织加强组织建设，项目团队特别设计了组织建设方面的规范指引与相关表单及组织治理达标激励计划。

一、发布组织治理规范化指引

向“善才种子”项目所培育的县域公益组织发布《组织治理规范化指引》，指导县域公益组织按照《组织治理规范化指引》调整组织架构、加强组织各层级建设、努力按照《组织治理规范化指引》完善组织治理。在项目中期，项目团队将依据《星级评估指标表》对组织建设情况进行评估打分，评估所培育县域公益组织的组织治理规范化程度。

完整表单详见后文。

表 6-12 组织治理规范化指引（社会服务类）

序号	类别	内容	内容说明	内容的指标说明
1	基本条件	法人资格章程年度检查	1. 法人资格包括法定代表人的产生、活动资产、办公条件、专职人员； 2. 章程有关内容严格按照民政部制定的《民办非企业单位章程示范文本》制定； 3. 按时向业务主管单位和登记管理机关报送年度检查工作报告和相关材料	1. 组织有固定的活动场所和办公条件，组织有关名称、章程明确且在显眼处可见到； 2. 法定代表人是按章程程序产生的，至少有一名（含）专职工作人员； 3. 如果有修改章程，程序合法并向有关机关单位报备； 4. 按时年检或年报，且年检、年报过关
2	内部治理	团队组织架构人力资源管理制度	1. 有团队组织架构，人员明确、职责分工清楚； 2. 管理制度围绕如何发挥团队最大力量、提升团队专业能力和服务水平，而设计的一系列规范和保障	1. 有成文的团队架构图，团队应包括中心主任、项目主管、一线社工的上下级别关系，以及每个角色所对应的分工、职责清楚明了； 2. 组织应该有包括人力、物力、财力等一系列的制度；有全职人员的组织应该有聘用、薪酬、奖惩、培训、考核等制度； 3. 有例会或理事会、培训、督导、团建等形式体现团队的管理事项； 4. 有成文的团队中长期规划，且规划科学可行，符合机构发展轨迹

续表

序号	类别	内容	内容说明	内容的指标说明
3	服务过程管理	服务流程 服务质量 服务效果 资源管理 安全与风险管理 相关利益方管理	1. 服务流程包括从活动计划书撰写到审批到活动执行到管理的整个过程； 2. 服务效果包括服务产出和成效，即服务完成情况和服务的社会影响力； 3. 资源管理包括人力、物力、财力等管理； 4. 安全与风险管理包括了项目团队人员、服务对象、志愿者的人身安全、环境安全； 5. 有相关利益方资源名单	1. 针对不同类型的服务有统一的活动套表、工具； 2. 活动有服务审批流程，需要项目主任或督导老师审核把控； 3. 服务能达到预期效果，有一定可视化的产出，能得到服务对象的认同； 4. 有安全和风险管理制度，面对风险，能及时采取应对措施，制定应急预案，预案科学、可行； 5. 有形成各类资源名单，有资源的管理与使用痕迹； 6. 通常定期以微信、电话、工作汇报等形式进行利益相关方管理，有各类形式的沟通痕迹
4	财务管理	财务制度 财务人员 财务管理 财务监督	有根据《民间非营利组织会计制度》制定财务管理制度； 财务人员要有资质，最好是由专职或专门的财务机构负责； 有清晰的审批流程，至少两级审批； 项目独立核算，有项目专项的财务报表，并有项目负责人、财务负责人签名； 票据的使用和管理合法合规，每项支出有记录及凭证可查； 年度财务报告合格	经费来源合法，资金使用合规，按制度、流程合理管理每一笔费用，定期公开公示，接受监督

续表

序号	类别	内容	内容说明	内容的指标说明
5	档案、证章管理	档案、证章管理制度 保管与使用	建立有规范的档案管理制度，档案资料齐全、整理有序； 有印章保管和使用制度，印章使用符合制度要求	档案分门分类，比如项目合同、项目人员资料、项目服务资料、项目相关管理制度资料等；档案有纸质档案和电子档案两种类型； 档案、印章要有专人管理，使用需申请，保存至少要有防潮防水防火带锁的档案柜
6	宣传管理	宣传管理制度	含活动通讯稿、资金使用公示、大型活动、线上及传统媒体宣传报道等，宣传形式多样，包含传统媒体，如纸媒、电视台等，新兴媒体，如微信公众号、网站、抖音等平台	有宣传意识，善于利用多渠道、多平台对项目或组织进行宣传推广，打造服务品牌，注重服务对象评价和社会口碑

表 6-13　组织治理规范化指引（社会团体类）

序号	类别	内容	内容说明	内容的指标说明
1	基本条件	法人资格章程 年度检查	1. 法人资格包括法定代表人的产生、活动资产、办公条件、专职人员； 2. 章程有关内容符合《社会团体登记管理条例》及相关法规； 3. 按时向业务主管单位和登记管理机关报送年度检查工作报告和相关材料	1. 组织有固定的活动场所和办公条件，组织有关名称、章程明确且在显眼处可见到； 2. 法定代表人是按章程程序产生的，组织内至少有一名固定的兼职人员； 3. 如果有修改章程，应向有关机关单位报备； 4. 按时年检或年报，且年检、年报至少基本合格
2	内部治理	团队组织架构 人力资源 管理制度	1. 有团队组织架构，人员明确、职责分工清楚； 2. 管理制度围绕如何发挥团队最大力量、提升团队专业能力和服务水平，而设计的一系列规范和保障	1. 有成文的团队架构图，团队应包括董事会、监事会、执行人员，每个角色所对应的分工、职责清楚明了； 2. 组织应该有包括人力、物力、财力等一系列的制度；有全职人员的组织应该有聘用、薪酬、奖惩、培训、考核等制度； 3. 有例会或理事会、培训、督导、团建等形式体现团队的管理事项
3	服务过程管理	服务流程 服务质量 服务效果 资源管理 安全与风险管理 相关利益方管理	1. 服务流程包括从活动计划书撰写到审批到活动执行到管理的整个过程； 2. 服务效果包括服务产出和成效，即服务完成情况和服务的社会影响力； 3. 资源管理包括人力、物力、财力等管理； 4. 安全与风险管理包括了项目团队人员、服务对象、志愿者的人身安全、环境安全； 5. 有相关利益方的资源名单	1. 针对不同类型的服务有统一的活动套表、工具； 2. 活动有服务审批流程，需要项目主任或督导老师审核把控； 3. 服务能达到预期效果，有一定可视化的产出，能得到服务对象的认同； 4. 有安全和风险管理制度，面对风险，能及时采取应对措施，制定应急预案，预案科学、可行； 5. 有形成各类资源名单，有资源的管理与使用痕迹； 6. 通常定期以微信、电话、工作汇报等形式进行利益相关方管理，有各类形式的沟通痕迹

续表

序号	类别	内容	内容说明	内容的指标说明
4	财务管理	财务制度 财务人员 财务管理 财务监督	1. 有根据《民间非营利组织会计制度》制定财务管理制度； 2. 财务人员要有资质，最好是有专职或专门的财务团队负责； 3. 有清晰的审批流程，至少两级审批； 4. 项目独立核算，有项目专项的财务报表，并有项目负责人、财务负责人签名； 5. 票据的使用和管理合法合规，每项支出有记录及凭证可查； 6. 年度财务报告合格	经费来源合法，资金使用合规，按制度、流程合理管理每一笔费用，定期公开公示，接受监督
5	档案、证章管理	档案、证章管理制度保管与使用	1. 建立有规范的档案管理制度，档案资料齐全、整理有序； 2. 有印章保管和使用制度，印章使用符合制度要求	1. 档案分门分类，比如项目合同、项目人员资料、项目服务资料、项目相关管理制度资料等；档案有纸质档案和电子档案两种类型； 2. 档案、印章要有专人管理，使用需申请，保存至少要有防潮防水防火带锁的档案柜
6	宣传管理	宣传管理制度	含活动通讯稿、资金使用公示、大型活动、线上及传统媒体宣传报道等，宣传形式多样，包含传统媒体，如纸媒、电视台等，新兴媒体，如微信公众号、网站、抖音等平台	有宣传意识，善于利用多渠道、多平台对项目或组织进行宣传推广，打造服务品牌，注重服务对象评价和社会口碑

二、组织治理达标激励

为激发县域公益组织完善组织治理的内在动力，项目团队向所培育的县域公益组织公布《组织治理达标激励计划》，通知这些组织提交《治理达标激励计划申请表》，并进行自评，填写《治理达标激励计划自评报告》，自查组织治理达标情况。组织专家对《治理达标激励计划申请表》及《治理达标激励计划自评报告》进行审核，确定提名名单。上报基金会提名名单及建议书。组织治理达标激励计划内容如下。

1. 背景

“善才种子”组织治理达标激励计划（以下简称“治理达标激励计划”）是“善才种子”项目下的子项目，协助福建省县域公益组织规范化、专业化发展，让县域公益组织“有爱有力、造福一方”，促使“家乡公益，家乡人爱”，进而推动福建省县域公益组织的有效发展。从项目团队对进入支持系统的县域公益组织的调查来看，大部分都存在组织治理的发展瓶颈，而且部分县域公益组织存在组织治理不规范的问题。从组织培育角度来看，要想促进县域公益组织的生存与发展，第一步就是要协助组织治理，使培育对象的组织治理规范化，因此制订“治理达标激励计划”。“治理达标激励计划”通过颁布组织治理规范化指引，设置小额组织治理规范化激励资金，为“善才种子”项目中组织治理规范化建设考核达标的县域公益组织提供组织治理规范化激励资金，以期鼓励县域公益组织注重组织治理与组织建设，协助县域公益组织更好地生存，进而实现组织的规范化与专业化发展。

2. 项目对象

当年入选“善才种子”的县域公益组织。

3. 激励标准

总共设置××万元的组织治理规范化激励资金，用于符合组织规范化标准的县域公益组织（共××家）。

考虑到“善才种子”项目所培育组织有社会服务类及社会团队类两种

不同类型的社会组织，两类社会组织在规范化、专业化方面相差较大，特此制定两份组织治理规范化指引及评分标准，基金会参考社会服务类组织治理规范化指引，义工协会参考社会团体类组织治理规范化指引。

4. 激励计划评选条件

参照《组织治理规范化指引》。

5. 激励计划规则

（1）有意愿的“善才种子”项目所培育县域公益组织自主填写激励计划申请表申请；

（2）申请的县域公益组织根据自身组织类型，参考对应的组织治理规范化指引，根据实际情况填写并提交自评报告；

（3）项目团队组织工作人员进行实地走访，评估考察提交申请表和自评报告的县域公益组织所提交材料的真实性和组织规范化建设实际情况；

（4）项目团队工作人员根据实地走访情况，对提出申请组织的规范化建设情况进行评分审核，确定并公布入选激励计划的组织名单；

（5）基金会与入选激励计划的县域公益组织签订捐赠协议，按协议给予入选激励计划的组织激励支持，拨付组织治理规范化激励资金。

6. 联系我们

联系人：

联系方式：

电子邮箱：

表 6-14 "善才种子"治理达标激励计划申请表

<table>
<tr><td>组织名称</td><td colspan="4"></td></tr>
<tr><td>组织类型</td><td colspan="4">□ 社会团体
□ 社会服务机构（民办非企业单位）
□ 基金会
□ 工商注册的民间公益组织
□ 其他。请予以说明（选择某项后，可复制这个符号代替空框）</td></tr>
<tr><td>组织地址</td><td colspan="4"></td></tr>
<tr><td rowspan="2">组织负责人信息</td><td>姓名</td><td></td><td>职务</td><td></td></tr>
<tr><td>手机号码</td><td></td><td>邮箱</td><td></td></tr>
<tr><td>组织简介</td><td colspan="4">（应包含组织成立时间、初心使命、人员数量、资金规模、项目运行情况、组织建设情况等内容）</td></tr>
<tr><td>申请说明</td><td colspan="4">本申请表所填内容真实准确，如有虚假，愿意承担相关后果。

申请单位：（盖章）　　日期：　　年　　月　　日</td></tr>
<tr><td>项目团队审批意见</td><td colspan="4">
执行单位：（盖章）　　日期：　　年　　月　　日</td></tr>
<tr><td>基金会审批意见</td><td colspan="4">
基金会：（盖章）　　日期：　　年　　月　　日</td></tr>
</table>

模板 6-1　“善才种子”治理达标激励计划自评报告

“善才种子”治理达标激励计划
自评报告

组织名称：______________________

提交日期：______________________

福建省同心慈善基金会

填 报 说 明

一、《自评报告》主要考核组织治理情况，必须确保该报告所填内容真实、准确。

二、请按照内容说明填写，为保证统一规范，请勿对格式进行修改，用仿宋 GB2312 小四字体，行间距为 20 磅。

三、自评报告统一，电子版发送到指定邮箱。

联系人及联系电话：　　　，　　　　，电子邮箱：　　　　。

四、本报告请于××××年××月××日前提交。

1. 组织基本情况

组织名称			
登记证号		成立时间	
通信地址			
组织人员数量		现运行项目数量	
负责人姓名		联系电话	
组织主要服务对象类型	A. 老人 B. 儿童 C. 青少年 D. 妇女 E. 困境群体 F. 其他		
组织服务地域（可填写多个）	市　县（区）		
组织简介			

2. 组织建设情况

基础条件	1. 有制定书面章程，章程内容全面、规范（ ） A. 完全符合　B. 部分符合　C. 完全不符合
	2. 法定代表人根据章程合法程序产生（ ） A. 完全符合　B. 部分符合　C. 完全不符合
	3. 有按时年检、年报，且年检、年报合格（ ） A. 完全符合　B. 部分符合　C. 完全不符合
团队治理	1. 有正式的、成文的组织治理结构图（ ） A. 完全符合　B. 部分符合　C. 完全不符合
	2. 有成文的、全面的、规范的规章制度（ ） A. 完全符合　B. 部分符合　C. 完全不符合（ ） 请说明组织具体有哪些规章制度？（ ） A. 会员管理办法　B. 志愿者管理制度　C. 人力资源管理制度（人员的聘用、培训、考核、奖惩等）　D. 财务管理制度　E. 项目管理制度　F. 物资管理制度　G. 其他
	3. 有科学的、成文的中长期发展规划（ ） A. 完全符合　B. 部分符合　C. 完全不符合 请说明组织的中长期发展规划是？
	4. 组织成员对所在岗位、角色分工都清楚明了（ ） A. 完全符合　B. 部分符合　C. 完全不符合 请说明组织所设置的岗位及对应的角色分工
	5. 组织内部有例会、外出培训或接受督导，并形成相关会议记录（ ） A. 完全符合　B. 部分符合　C. 完全不符合 请说明组织例会频率 请说明组织成员外出培训次数、培训主题 请说明组织成员接受督导频率

续表

服务过程	1. 有针对个案、小组、社区、日常行政管理等统一的套装（ ） A. 完全符合　B. 部分符合　C. 完全不符合
	2. 有甘特图、月计划、周计划等时间管理工具（ ） A. 完全符合　B. 部分符合　C. 完全不符合
	3. 服务过程有活动方案书、活动过程记录、活动总结反思、活动照片、新闻稿、满意度反馈表等一整套的服务过程痕迹（ ） A. 完全符合　B. 部分符合　C. 完全不符合
	4. 服务过程有明确的人员分工，责任到人（ ） A. 完全符合　B. 部分符合　C. 完全不符合
	5. 服务过程中有物资管理，如物资购买、领取、发放等一系列痕迹（ ） A. 完全符合　B. 部分符合　C. 完全不符合
财务规范	1. 有参照《民间非营利组织会计制度》制定规范的财务制度（ ） A. 完全符合　B. 部分符合　C. 完全不符合
	2. 有清晰的财务审批流程，至少两级审批（ ） A. 完全符合　B. 部分符合　C. 完全不符合 请说明机构的财务审批流程
	3. 有使用规范的报销单据，报销凭证上有经办、证明、审批三人的签字（ ） A. 完全符合　B. 部分符合　C. 完全不符合
	4. 组织有按所承接的不同项目进行财务独立核算（ ） A. 完全符合　B. 部分符合　C. 完全不符合
	5. 有年度财务报表，审计合格（ ） A. 完全符合　B. 部分符合　C. 完全不符合

第四节　督导陪伴模块运行的工具表单

一、设立督导方案及督导团队

为推进“善才种子”项目顺利实施，提升项目的规范化、专业化发展。为“善才种子”项目所培育的县域公益组织，提供专业化发展的定期化和持续化的服务支持，促进被督导县域公益组织按照“四化”规范，推进组织的发展。项目团队设立《“善才种子”县域公益组织督导工作方案》，选聘有专长的实务工作者担任督导，签订《专家督导服务协议》《督导陪伴保密协议》，组建督导团队。

在该部分所使用的模板如下：

1. 模板 6-2　“善才种子”县域公益组织督导工作方案；
2. 模板 6-3　专家督导服务协议；
3. 模板 6-4　督导陪伴保密协议。

模板 6-2 “善才种子”县域公益组织督导工作方案

“善才种子”县域公益组织督导工作方案

督导是公益组织职业化、专业化发展的捷径。提供督导陪伴服务是“善才种子”项目与其他县域组织支持项目的最大区别。为了实现“家乡的公益事业家乡人有责”的宗旨，特制订督导、陪伴计划与服务评估方案。

1. 被督导与陪伴组织

组织名称	负责人	联系方式

2. 督导团队

督导名单

督导姓名	单位	对应家乡	备注
备注	以个人的家乡对应相应区域的机构，名单可随后续机构的增加而变动		

3. 督导、陪伴目标

督导跟随培训课程进度，紧紧围绕需求与问题，适时提供教育性督导、支持性督导服务；提高被督导组织的公益慈善服务信心、拓宽被督导机构资源渠道、服务水平。

陪伴目标为紧紧围绕推动公益组织发展，根据实际情况提供组织治理、组织规范化建设等教育性督导服务。

4. 工作原则

具体化原则：根据各组织的不同情况及组织发展阶段的要求，提供组织建设、服务管理、资源链接等服务。

专业化原则：督导要有管理与服务公益组织的经验，可以为被督导组织提供专业的知识与经验建议。

效益最大化原则：充分利用面督、线上督导的时机，为被督导组织提供制度、工作表单、治理知识、情感支持、资讯等辅助，最大可能地为被督导组织提供有成效的服务。

5. 督导和陪伴时间与安排

（1）周期：6 个月（××××. ××—××××. ××）；每个机构面对面督导 3 次，线上督导视组织的需求而定。

（2）具体安排：

督导安排表

<table>
<tr><th>日期</th><th>事项</th><th>内容</th><th>备注</th></tr>
<tr><td></td><td></td><td></td><td></td></tr>
<tr><td></td><td></td><td></td><td></td></tr>
<tr><td></td><td></td><td></td><td></td></tr>
<tr><td></td><td></td><td></td><td></td></tr>
<tr><td></td><td></td><td></td><td></td></tr>
<tr><td></td><td></td><td></td><td></td></tr>
<tr><td></td><td></td><td></td><td></td></tr>
<tr><td colspan="4">要求：
由督导提交督导记录表，以邮件方式发送给项目团队。</td></tr>
</table>

6. 督导成效指标

督导成效指标表

<table>
<tr><th>项目内容</th><th>产出与效果</th><th>备注</th></tr>
<tr><td rowspan="5">组织管理层面</td><td></td><td rowspan="5">由督导收集并提交给项目团队。每月一次面督，网络及电话督导视需求及工作的完成情况定次数</td></tr>
<tr><td></td></tr>
<tr><td></td></tr>
<tr><td></td></tr>
<tr><td></td></tr>
<tr><td rowspan="3">项目与社区活动管理层面</td><td></td><td rowspan="3">由组织提交后督导提交给项目团队</td></tr>
<tr><td></td></tr>
<tr><td></td></tr>
<tr><td rowspan="2">成效考核工具</td><td></td><td rowspan="2">由督导提供，由项目团队收集整理后提交</td></tr>
<tr><td></td></tr>
</table>

模板 6-3　专家督导服务协议

专家督导服务协议

甲方：　　　　　　　　　　　　　　联系电话：
地址：

乙方：　　　　　　　　　　　　　　联系电话：
地址：

为保障“善才种子”项目阶段服务效果，____________（以下简称甲方）与____________（以下简称乙方）经友好协商，就双方服务合作事宜达成如下协议：

第一条　合作内容及付款方式

1. 甲方基于对乙方认同，将________年“善才种子”项目中的实务督导陪伴子项目模块交由乙方执行。乙方提交具体实务陪伴方案（详见附件），并按照方案设定的指标完成。

2. 经甲乙双方讨论方案确定，甲方支付乙方________年“善才种子”实务督导陪伴模块服务经费________元整（小写：　　　　　　）。乙方保证做到将甲方的专项项目资金专款专用、透明公开，资金的使用周期为：　　年　　月　　日至　　年　　月　　日。

乙方指定账户如下：
户名：
开户银行：
账号：

3. 上述款项分两期支付，于　　年　　月　　日支付 60% 到乙方账户；于　　年　　月　　日支付 40%。所有款项支付前须收到相应的增值税发票，如因票据未能及时提供，则相应的付款时间延至收到正式票据之后的 10 个工作日内。

第二条　双方权利与义务

1. 甲方保证资金的来源清楚、具有合法所有权。

2. 乙方应提供资金使用的各阶段项目报告，分别于　　年　　月　　日前提交当年度半期项目报告，于　　年　　月　　日前提交项目结项报告。

3. 甲方有权向乙方查询资金的使用、管理情况，监督并提出意见和建议。

4. 项目结项后，如项目经费有剩余，则由甲乙双方共同商议余款的用途。

5. 甲方有权在资金使用结束后三个月内，由甲方或甲方委托的第三方审计机构对甲方资金的使用进行审计。

6. 乙方及时将服务过程的相应纸质及电子材料提交给甲方存档，以便项目结项后全部移交给项目主办方。

7. 乙方有义务在对外的网站、微博、微信公众号、杂志、宣传折页等相关媒体上体现甲方的信息，但不仅限于此，甲方有权对此提出适当要求。

8. 乙方保证，提交的相关文件、批准、许可、证书等均是真实、合法、有效的，不存在虚假、到期、被终止、被宣布无效、被吊销的情形或可能性。

第三条　若发生不可抗力，遭遇不可抗力的一方对不能履行或不能及时履行本合同的行为免责，但应在第一时间通知另一方，以便对方采取措施以减少损失。

第四条　协议期限：经双方签字并盖章后生效，双方履行完毕本协议项下义务（保密义务除外）后自行终止。

第五条　其他事项

1. 甲乙双方对彼此之间提供的信息、资料以及本协议的具体内容负有保密责任。本款保密约定在本协议终止后将持续有效。

2. 乙方指定的项目负责人（姓名：　　　　联系电话：　　　　　身份证

号：　　　　　　　　）

3. 本协议一式两份，双方各执一份，每份均具有同等法律效力。

甲方：	乙方：
（盖章）	（盖章）
法定代表人或授权代表：（签字）	法定代表人或授权代表：（签字）
日期：　　　年　　月　　日	日期：　　　年　　月　　日

模板 6-4 督导陪伴保密协议

督导陪伴保密协议

甲方：

乙方：　　　　　　（身份证号码：　　　　　　　　　　　）

鉴于“善才种子”计划项目的特殊性，也为了保障“善才种子”所培育县域公益组织以及其他利益相关方的隐私等权益，需要签署保密协议，内容如下：

1. 本协议所指称的保密，是指在网络（例如微博与微信）、书面、个人交流、正式汇报等场合，未经项目团队及基金会等利益相关方的同意，不向本项目团队成员外的第三方透露从项目中获得的有关信息。

2. 本协议中，需要保密的信息包含：机构上传网盘、微信群、邮箱等所有与项目有关的材料；所开展督导陪伴的组织相关信息，以及督导与组织互动过程中获得的关于陪伴组织的相关信息资料，包括组织账务、组织具体情况等等信息。

3. 如有需要对外公布陪伴情况，需报备给所陪伴组织负责人及项目团队通过，并做相应的记录。若因情况需要且超出此范围，需以书面的形式经过陪伴组织审核通过方可对外发布。

4. 本协议的保密期限为永久，且乙方与甲方的督导陪伴关系解除后，仍具有法律效力。

5. 本协议受中华人民共和国法律管辖和解释。任何一方未履行本协议项下的条款均被视为违约，违约方应承担因违约行为而给另一方造成的损失，并承担相应法律责任。

6. 本协议未尽事宜，双方另行协商解决。

7. 本协议自签署之日起生效，本协议一式两份，甲乙双方各持一份。

甲方：（公章）　　　　　　　　　　乙方：
　　　　年　　月　　日　　　　　　　　　　年　　月　　日

二、实施督导

被督导县域公益组织应呈交《督导需求申请表》和相关资料，督导根据提供的资料初步了解被督导组织情况、服务项目情况并分析评估被督导组织的督导需求，督导以一对一督导和集体督导的形式，结合线上线下两种不同的方式进行，对县域公益组织进行答疑解惑和项目督导，督导过程需有《督导记录表》《督导反馈表》等对应的记录。

该部分所使用的表单工具如下：

1. 表 6–15　督导需求申请表；
2. 表 6–16　督导记录表；
3. 表 6–17　督导反馈表。

完整表格可见后文。

表 6-15　督导需求申请表

<table>
<tr><td colspan="4">督导需求申请表</td></tr>
<tr><td>申请组织</td><td colspan="3"></td></tr>
<tr><td>申请督导
日期/时间</td><td></td><td>申请督导
地点</td><td></td></tr>
<tr><td>申请督导形式</td><td colspan="3">□线下组织督导　　　　□现场活动观摩督导
□线上电话、QQ、微信督导　□其他______（请注明）</td></tr>
<tr><td colspan="4">申请接受督导内容（简述）</td></tr>
<tr><td colspan="4">简单明了地表述需要解决的问题、所需的支持或达到的目的</td></tr>
</table>

表 6-16 督导记录表

<table>
<tr><td colspan="4">督导记录表</td></tr>
<tr><td>督导组织</td><td></td><td>督导姓名</td><td></td></tr>
<tr><td>督导日期</td><td></td><td>督导时间</td><td>共____小时</td></tr>
<tr><td>督导地点</td><td></td><td>参与督导人数</td><td>人</td></tr>
<tr><td>督导形式</td><td colspan="3">□线下组织督导　□现场活动观摩督导
□线上电话、QQ、微信督导　□其他________（请注明）</td></tr>
<tr><td>督导类别</td><td colspan="3">□常规督导　□特别事项督导</td></tr>
<tr><td colspan="4">督导内容（如不够应用，可另加页书写）</td></tr>
<tr><td colspan="4">一、督导目标：
二、督导过程内容：
三、上次督导跟进事项进展情况：
四、本次督导需跟进事项：
五、督导对象的感受和收获：</td></tr>
<tr><td colspan="4">督导反馈：</td></tr>
<tr><td colspan="2">督导对象签名：</td><td colspan="2">督导签名：</td></tr>
</table>

表 6-17　督导反馈表

督导反馈表	
督导组织：	督导姓名：
是否参加过督导开展的线下督导：	如参加，有无收获：
如有收获，请选一次参加线下督导后的收获和感受描述：	
是否参加过督导开展的当面个别督导：	如参加，有无收获：
如有收获，请选一次接受当面个别督导后的收获和感受描述：	
是否参加过督导开展的其他形式（电话、QQ、微信等）督导：	
如参加，以哪种形式：	如参加，有无收获：
如有收获，请选一次接受督导后的收获和感受描述：	
对督导的评价：	
对督导的建议：	
填写人签名：	

第五节　项目管理模块运行的工具表单

一、发布项目管理规范化指引

向“善才种子”项目培育的县域公益组织发布《项目管理规范化指引》与《项目管理规范化评估指标表》，指导组织按照《项目管理规范化指引》执行与管理项目。县域公益组织也可按《项目管理规范化评估指标表》进行自评，评估组织项目管理规范化水平情况。

《项目管理规范化指引》及《项目管理规范化评估指标表》详见后文。

表 6-18 项目管理规范化指引

序号	管理过程	内容要点	要求说明	重要产出	执行阶段
1	项目范围管理	1. 项目问题、需求收集与识别 2. 项目目标确定：总目标与分目标 3. 项目工作分解结构 4. 项目范围重新界定	1. 确定项目核心服务对象问题与需求； 2. 总目标与分目标是整体与部分的逻辑关系，通过分目标的层层实现，可达成总目标；目标能体现项目理念与假设；服务策略之间要有逻辑性和关联性； 3. 制定工作分解结构表及工作进度计划； 4. 根据执行阶段的深入，动态界定项目范围（问题、需求、目标、进度）	1. 项目设计书、合同书或捐赠协议； 2. 项目工作分解结构图与项目执行进度计划； 3. 项目变更说明书	项目启动、项目执行阶段
2	项目团队管理	1. 组建项目团队 2. 项目团队合理分工 3. 团队管理架构清晰，制定内部团队管理制度	1. 区别包括项目主任、项目执行人员的上下级别关系； 2. 上述人员在本项目中承担工作说明，团队的分工和管理要包括项目整个周期的管理过程； 3. 管理制度围绕如何发挥团队最大力量、提升团队专业能力和服务水平而设计的一系列规范和保障	1. 项目团队架构图； 2. 项目团队分工表； 3. 项目团队管理制度	项目启动、项目规划、项目执行、项目监控、项目收尾，全过程阶段
3	项目过程管理	1. 项目实施进程管理 2. 安全与风险管理 3. 利益相关方管理 4. 时间管理 5. 沟通管理 6. 项目监测与评估	1. 项目实施进程管理：包括从活动计划书撰写—审批—活动执行—总结反馈的整个过程； 2. 安全与风险管理包括了项目团队人员、服务对象、志愿者的人身安全、环境安全、政策变动风险等； 3. 利益相关方管理包括了志愿者、合作方、资助方、受益对象等	1. 针对不同环节的服务有专业套表； 2. 活动有审批流程制度； 3. 安全和风险管理制度、培训及保障措施； 4. 志愿者培训、管理和保障制度	项目执行、项目监控、项目收尾阶段

续表

序号	管理过程	内容要点	要求说明	重要产出	执行阶段
3	项目过程管理	1. 项目实施进程管理 2. 安全与风险管理 3. 利益相关方管理 4. 时间管理 5. 沟通管理 6. 项目监测与评估	4. 对项目执行时间进度管理，并在成本可控范围内进行提前或延迟项目进度； 5. 按照项目执行情况，制定项目团队内部的沟通机制，定期反馈项目进度；项目进展与重大情况变动向资方或相关方进行反馈沟通； 6. 项目监测与评估：项目团队内部要对项目目标、项目指标及项目效果进行监测，并及时进行复盘总结	5. 利益相关方沟通制度与计划表等； 6. 意见收集及投诉处理制度； 7. 项目阶段性报告（含财务报告）	项目执行、项目监控、项目收尾阶段
4	项目成本管理	1. 项目预算制定； 2. 项目成本控制； 3. 项目预算执行管理	1. 财务管理有制度； 2. 财务人员有资质； 3. 有清晰的审批流程，至少两级审批； 4. 设立项目专账，专款专用； 5. 项目团队要清晰预算执行进度； 6. 定期对项目资金进行公示或向资方反馈财务执行情况	1. 项目预算表； 2. 项目预决算表； 3. 财务报表； 4. 财务制度：审批流程、票据管理、财务公示等	项目启动、项目规划、项目执行、项目监控、项目收尾等全过程阶段
5	档案与库存管理	1. 项目执行过程资料保存； 2. 档案管理制度； 3. 项目物资库存管理	1. 档案分门分类，比如项目合同、项目人员资料、项目服务资料、项目相关管理制度资料等； 2. 纸质档案和电子档案都可制定管理制度	1. 项目执行档案：电子档案或纸质档案； 2. 档案管理制度； 3. 资产的库存管理制度及记录	项目启动、项目规划、项目执行、项目监控、项目收尾等全过程阶段

续表

序号	管理过程	内容要点	要求说明	重要产出	执行阶段
5	档案与库存管理	1. 项目执行过程资料保存； 2. 档案管理制度； 3. 项目物资库存管理	3. 档案要有专人管理，最好有专门的档案室，至少要有防潮防水防火带锁的档案柜； 4. 档案具有保密性、长期性、持续性，需要动态变更；定期清理，一般项目资料保存 5 年后可销毁； 5. 对固定资产要做资产库存与折旧管理 6. 对物资进行出入库管理登记	1. 项目执行档案：电子档案或纸质档案； 2. 档案管理制度； 3. 资产的库存管理制度及记录	项目启动、项目规划、项目执行、项目监控、项目收尾等全过程阶段
6	宣传与公众管理	1. 项目宣传管理制度 2. 公关机制	1. 项目活动通讯稿、资金使用公示、大型活动、线上及传统媒体宣传报道等； 2. 组织、项目介绍等要符合项目理念及相关方要求； 3. 项目出现重大舆情，要及时、有效地进行公众反馈，建立相关的处理机制	1. 项目宣传制度； 2. 公关机制	项目启动、项目规划、项目执行、项目监控、项目收尾等全过程阶段

表 6-19　项目管理规范化评估指标表

评估方：（盖公章）　　项目执行方：

一级指标	二级指标	检查评分标准	分值评定方法及得分	专家评分	备注
1. 项目服务方案（6分）	1.1 项目调研目的及需求评估的质量（3分）	具有清晰的调研思路、有序开展调研工作，并形成有效的调研需求报告，能够为服务设计提供依据，得3分。 开展了调研工作，但调研及需求评估得不够清晰，得2分。 未开展任何调研工作，无法提供调研的相关材料，得0分	查阅是否有调研问卷、调研报告或者调研结论等相关材料		
	1.2 项目方案设计可行性（3分）	项目能够依据调研结果进行设计，目标清晰，内容完善（至少包括背景分析、目的及目标、具体内容、人员分工、经费预算等），符合合同要求，且具有可行性，得3分。 项目设计目标较为明确，符合合同要求，具有一定可行性，但内容不完善，得1~2分。 项目设计目标模糊，不符合合同要求，且不具可行性，得0分	查阅子项目方案书，看项目方案书构成模块的各部分内容，看与调研的要求是否吻合		
2. 项目实施过程（22分）	2.1 活动设计评价（3分）	活动设计的服务目标与项目设计是一致的，设计内容完整，得0~3分	实地查阅主题活动等相关材料的计划书		
	2.2 项目宣传（3分）	项目注重宣传推广工作，除组织自身的微信、美篇宣传外，通过报社媒体、政府媒体等渠道进行宣传，得3分。 项目服务仅定期在组织内部媒体宣传，得2分。 项目正在开展中没有宣传，得0分	查看相关宣传推广的推送链接或提供纸质版本佐证；项目媒体报道、网络及宣传资料等材料		

续表

评估方：（盖公章）			项目执行方：		
一级指标	二级指标	检查评分标准	分值评定方法及得分	专家评分	备注
2. 项目实施过程（22分）	2.3 实施技能保障（4分）	组织对社会工作者、志愿者定期进行团队技能培训，得2分； 积极主动参加“善才计划”举办的培训班，至少参加了4次，得2分	活动开展前的技能培训安排，实地查阅培训安排表、培训签到表、培训心得等相关材料		
	2.4 项目督导（3分）	主动利用专业社工督导对服务项目进行督导跟进及人员培训，有完整的6次以上督导记录，得3分。 全年接受督导少于6次的，每少1次扣1分	查阅督导记录表		
	2.5 活动过程控制与反思（5分）	项目进度安排情况、执行效果，项目实施计划表、进度表等规范、齐全，项目主管及时向组织负责人反馈且组织进行巡查，得0~5分	查阅相关证明材料如：例会会议记录、甘特图、月工作计划表、周计划表等		
	2.6 活动过程规范化（4分）	严格按照工作守则开展工作、服务程序规范的，得3分； 服务档案进行规范化管理的，得2分； 服务档案未进行规范化管理，得0分	查阅是否有建立相关规范化文书工作，如志愿者登记表、督导记录等；服务档案，如服务对象档案、个案工作档案、工作坊档案等；对服务对象资料妥善保管与保密		
3. 项目运营管理（28分）	3.1 项目行政管理（5分）	对项目成员的出勤率、出勤时长等考核，档案管理是否清楚，得0~5分	查阅日常考勤表，档案管理岗位的人员配置情况、档案分类情况		

续表

评估方：（盖公章）			项目执行方：		
一级指标	二级指标	检查评分标准	分值评定方法及得分	专家评分	备注
3. 项目运营管理（28分）	3.2 人力资源管理（6分）	配备团队人员数量、有稳定的团队、资质情况与合同吻合，且在招聘、录用、人才培养、考勤、绩效考核、激励等方面工作规范，得6分。 配备团队人员数量、有稳定的团队、资质情况与合同基本吻合，在招聘、录用、人才培养、考勤、绩效考核、激励等方面工作较为规范，得3分。 配备团队人员数量、资质情况与合同不太吻合，得0~3分	查阅相关证明材料 专职人员的花名册汇总、简历、身份证复印件、学历证书等、签署劳动合同、社保等相关材料（有1~2名全职人员）		
	3.3 志愿者队伍建设与培训（6分）	建构1支10人以上的队伍、并定期培训，得6分； 建构1支10人以下的队伍且有培训，得3分； 没有团建活动，扣2分	查阅志愿者管理制度、志愿者花名册、志愿者团建培训等相关材料		
	3.4 项目风险管理与应急预案（5分）	建立项目风险管理与应急预案，得4分，有执行痕迹，得1分； 没有制度，但每次活动有应急预案的，每次活动，得0.5分，总次数不超过4分。 没有任何管理的，得0分	查阅组织风险管理制度、活动方案书		
	3.5 项目的利益相关方沟通（6分）	定期积极与各利益相关方沟通并有相关的记录表或沟通反馈相关记录材料，材料齐全，得6分。 定期与各个相关方沟通，但资料不齐全，得3分。项目开展期间未与相关方沟通，得0分	查阅相关证明材料，是否有月简报等材料		

续表

评估方：（盖公章）			项目执行方：		
一级指标	二级指标	检查评分标准	分值评定方法及得分	专家评分	备注
4. 项目服务成效（24分）	4.1 指标完成情况（8分）	项目各项服务指标的完成情况符合合同要求，完成80%以上（6~8分），完成70%以上（5~6分），完成60%以上（2~4分），完成60%以下（0~1分）	查阅项目末期总结报告及相关佐证材料		
	4.2 项目的目标达成情况（8分）	项目目标达成：有具体、清晰的项目目标，内部能科学、准确对项目目标达成进行考量。计算得出，90%以上实现了预期目标，得8分；80%以上得6分；70%以上得4分；70%以下得1分	查阅项目的自评报告		
	4.3 社会美誉度与资源整合情况（4分）	项目有被政府、媒体正面报道及表彰，得0~2分。 链接到相应的社会资源，且内容丰富，得0~2分	查阅相关报道材料		
	4.4 服务对象改善情况及知晓度（4分）	服务对象的改善：项目实施对服务对象个人及领域/组织产生一定影响（目标其他及需求类别的覆盖面情况），得0~2分。 服务知晓率：了解微信公众号关注数量、居民对相关服务知晓程度，得0~2分	查阅相关佐证材料		
5. 项目满意度（10分）	5.1 服务对象满意度（5分）	服务对象（直接受益对象、间接受益对象等）对工作人员的满意程度，对服务过程、效果的满意程度，得0~5分	查阅服务对象满意度调查问卷结果、访谈结果		

续表

评估方（盖公章）			项目执行方：		
一级指标	二级指标	检查评分标准	分值评定方法及得分	专家评分	备注
5. 项目满意度（10分）	5.2 项目购买方满意度（5分）	项目购买方（捐赠方）对该组织的服务过程、服务态度、服务效果的满意程度（0~5分）	查阅购买方（捐赠方）满意度量表分析结果、访谈结果		
6. 财务管理（10分）	6.1 财务的规范性（6分）	建立并执行会计核算制度、费用开支控制制度、预算和决算、审批报销采购等财务制度（0~2分）	现场察看相关财务制度、账目凭证及数据等相关材料		
		财务人员具有专业资质，具备独立、合理、有效的财务查阅项目末期总结报告及相关佐证材料监察配置，经费审批流程规范（0~2分）			
		资金专款专用，经费审批报销及时、凭证完整清晰（0~2分）			
	6.2 财务的合理性（4分）	资金使用合理，符合预算执行方案和财务制度（0~2分）			
		账目记录清晰，记录与资金实际支出一致（0~2分）			
合计					

二、项目管理规范化激励

为促进县域公益组织的项目管理规范化，项目团队对进入第二年培育的县域公益组织发布《项目管理规范化激励计划》。符合条件的组织可提交《项目管理规范化激励申请表》《社会服务项目方案书》《项目管理规范化激励计划中期自评报告》进行申请，项目团队将实地走访，依照《项目管理规范化评估指标表》评估组织的项目管理水平。组织专家对《项目管理规范化激励申请表》《社会服务项目方案书》《项目管理规范化激励计划中期自评报告》进行审核，确定入选名单。向入选的组织发出入选通知并签订《项目管理规范化激励计划协议书》。

本部分使用的模板及表单工具清单如下：

1. 模板 6-5　“善才种子”项目管理规范化激励计划；
2. 表 6-20　“善才种子”项目管理规范化激励申请表；
3. 模板 6-6　社会服务项目方案书；
4. 模板 6-7　“善才种子”项目管理规范化激励计划中期自评报告；
5. 模板 6-8　项目管理规范化激励计划协议书。

模板 6-5　“善才种子”项目管理规范化激励计划

“善才种子”项目管理规范化激励计划

××××年“善才种子”项目将采用激励的方式，资助“善才种子”县域公益组织推进项目管理规范化、组织品牌化建设。具体计划如下：

一、激励对象

曾获得过课程经费支持、小额资金资助或者参与过“善才种子”课程培训的所有“善才种子”县域公益组织。所有申报组织，均应符合“善才种子”资助条件，即有上一年度的年检年报（公示）、有上一年度的财务报表、年均运营经费 30 万元以内。

二、激励等级

（一）激励金总额

用于激励组织项目规范化执行的总金额为×万元。

（二）激励等级

一等奖 3 名，每名激励××万元；

二等奖 5 名，每名激励××万元；

三等奖 6 名，每名激励××千元。

三、评奖规则

（一）每家组织提交申请表一份；

（二）提交一份按照项目团队提供的模板书写的项目方案书（或者改编）一份；

（三）按照项目团队提供的项目规范化指引，准备好项目管理制度、项目管理工具表单，有管理的执行项目（可以是原有项目）；

（四）中期接受一次指导性评估；

（五）在项目周期内接受项目团队按照评估指标进行的评估，按照评估得分的高低，依次评出奖项。

四、项目导向性

（一）以下项目在评估总分的基础上加 2 分

1. 乡村教师成长支持计划的落地执行方案。

2. 区域性环保项目推广与运行的执行计划。

3. 特殊困难儿童服务计划。

4. 有影响力的助残、助困项目。

（二）项目易打造成品牌项目

1. 要求项目能够从××××年××月持续到××××年××月或者更久。

2. 项目针对具体明确的问题，有独特的解决办法、有较明显的成效。

五、文书规则

（一）××月××日前提交盖有公章的申请书、项目方案书；

（二）××××年××月下旬接受中期指导性评估，要准备好被评估材料，××××年××月接受期末评估，要配合评估组的评估，准备相应材料。

相关资料：

1. 项目管理规范化激励申请表；

2. 社会服务项目方案书；

3. 项目管理规范化指引。

福建省同心慈善基金会

××××年××月××日

表 6-20 “善才种子”项目管理规范化激励申请表

<table>
<tr><td colspan="5">“善才种子”项目管理规范化激励申请表</td></tr>
<tr><td>组织名称</td><td colspan="4"></td></tr>
<tr><td>组织类型</td><td colspan="4">□ 社会团体
□ 社会服务机构（民办非企业单位）
□ 基金会
□ 工商注册的民间公益组织
□ 其他。请予以说明</td></tr>
<tr><td>组织地址</td><td colspan="4"></td></tr>
<tr><td rowspan="2">组织负责人信息</td><td>姓名</td><td></td><td>职务</td><td></td></tr>
<tr><td>手机号码</td><td></td><td>邮箱</td><td></td></tr>
<tr><td>组织简介</td><td colspan="4"></td></tr>
<tr><td>申请说明</td><td colspan="4">可从可能性、必要性、组织发展需求等角度说明为什么要申请激励</td></tr>
<tr><td>执行方审批意见</td><td colspan="4">执行方：（盖章）日期：　　年　　月　　日</td></tr>
<tr><td>基金会审批意见</td><td colspan="4">基金会：（盖章）日期：　　年　　月　　日</td></tr>
</table>

模板 6-6　社会服务项目方案书

社会服务项目方案书

项目名称：____________________

申报单位：____________________

填表日期：____________________

“善才种子”项目团队编制

<table>
<tr><td colspan="4">基本信息</td></tr>
<tr><td>项目名称</td><td></td><td>项目周期</td><td></td></tr>
<tr><td>项目实施地点</td><td colspan="3"></td></tr>
<tr><td>项目受益人数</td><td></td><td>项目总预算
（人民币：元）</td><td></td></tr>
<tr><td>项目领域</td><td colspan="3">□A. 社区治理类
□B. 社工服务类
□C. 公益慈善类
□D. 文化服务类
□E. 志愿服务类
□F. 其他</td></tr>
<tr><td>组织名称</td><td colspan="3"></td></tr>
<tr><td>银行账号
与开户行</td><td></td><td>社会组织统一
信用代码号</td><td></td></tr>
<tr><td>组织登记
与管理部门</td><td colspan="3"></td></tr>
<tr><td colspan="4">一、项目概述</td></tr>
<tr><td colspan="4">（项目拟解决的问题与意义；采用什么方法、开展什么活动；项目活动预期产生的成效。不多于 300 字）</td></tr>
</table>

<table>
<tr><td colspan="2">二、项目设计</td></tr>
<tr><td colspan="2">1. 拟服务的对象、解决的问题与需求分析</td></tr>
<tr><td>问题与
需求分析</td><td>说明项目服务对象是谁、他们面临的问题、分析问题产生的原因、选取介入的问题。如果选择社区整体为服务对象的，则要分析社区的问题与整体性需求（不多于 500 字）</td></tr>
<tr><td>受益群体
描述</td><td>要求清晰界定本项目可以服务到的人群（直接与间接）边界、数量、基本特征等信息（不多于 200 字）</td></tr>
</table>

<table>
<tr><td colspan="2">2. 项目目标与预期成效</td></tr>
<tr><td>项目目标
与
预期成效</td><td>1. 总目标：长远的、总体的目标，一般针对主要问题写。
2. 具体目标：要求具体、可测量、可操作，要定性与定量相结合，用数据说明要达到的状态。是围绕着总目标，分层次、针对具体问题的。
3. 预期成效：项目执行后可以达到的目标的实现程度或者改善了对象的哪些方面到什么程度。要用数据说明
（不多于400字）</td></tr>
<tr><td colspan="2">3. 项目策略</td></tr>
<tr><td rowspan="2">项目
策略
框架</td><td>描述采用什么样的服务模式，比如社工+义工，或者党建+社区组织之类的服务模式</td></tr>
<tr><td>采用什么样的服务策略（用什么方法解决什么问题达到什么目标；有可能的话，可运用相关社会服务理论来写。）</td></tr>
</table>

4. 服务内容与安排					
服务计划	服务目标	服务主题	具体措施	时间安排	产出指标

5. 项目评估设计	
项目 评估 设计	描述采用哪些方法测量成果，包括服务过程的评估、结果的评估方法，比如采用社会关系量表、心理测量表等（不多于 100 字）
6. 风险分析及应对策略	
风险分析及 应对策略	分析项目执行中可能遇到的风险和困难，包括政策、人力、技术等方面，以及应对解决方法（不少于 200 字）

<table>
<tr><td colspan="7">7. 项目团队介绍</td></tr>
<tr><td colspan="7">项目负责人信息</td></tr>
<tr><td>姓名</td><td colspan="2"></td><td colspan="2">性别</td><td></td><td>年龄</td></tr>
<tr><td>职务</td><td colspan="2"></td><td colspan="2">学历及专业</td><td colspan="2"></td></tr>
<tr><td>联系方式</td><td colspan="2"></td><td colspan="2">邮箱</td><td colspan="2"></td></tr>
<tr><td>资质</td><td colspan="6">（助理社会工作师或社会工作师）</td></tr>
<tr><td>实施同类项目的经历</td><td colspan="6">（不少于 200 字）</td></tr>
<tr><td colspan="7">项目团队人员信息</td></tr>
<tr><td>姓名</td><td>性别</td><td>年龄</td><td>学历及专业</td><td>机构职务</td><td>角色分工</td><td>联系电话</td></tr>
<tr><td></td><td></td><td></td><td></td><td></td><td></td><td></td></tr>
<tr><td></td><td></td><td></td><td></td><td></td><td></td><td></td></tr>
<tr><td></td><td></td><td></td><td></td><td></td><td></td><td></td></tr>
<tr><td></td><td></td><td></td><td></td><td></td><td></td><td></td></tr>
<tr><td></td><td></td><td></td><td></td><td></td><td></td><td></td></tr>
<tr><td></td><td></td><td></td><td></td><td></td><td></td><td></td></tr>
</table>

<table>
<tr><td colspan="7">8. 项目预算</td></tr>
<tr><td>类别</td><td colspan="2">费用类别</td><td>支出明细</td><td>单价</td><td>数量</td><td>总计</td></tr>
<tr><td>人员
经费</td><td colspan="2"></td><td></td><td></td><td></td><td></td></tr>
<tr><td>业务
活动</td><td colspan="2"></td><td></td><td></td><td></td><td></td></tr>
<tr><td>机构</td><td colspan="2"></td><td></td><td></td><td></td><td></td></tr>
<tr><td>管理</td><td colspan="2"></td><td></td><td></td><td></td><td></td></tr>
<tr><td colspan="6">合计</td><td></td></tr>
<tr><td colspan="7">三、项目审批意见</td></tr>
<tr><td colspan="2">申报单位</td><td colspan="5">我单位保证项目申报材料真实、合法、有效，已制订项目实施计划、方案，确保项目如期完成。将按有关规定，接受项目监管、审计和评估，并承担相应责任

法定代表人签字：　　（单位盖章）

年　月　日</td></tr>
<tr><td colspan="2" rowspan="2">资助方
审批意见</td><td colspan="5">评审意见：

（盖章）

年　月　日</td></tr>
<tr><td colspan="5">经决定，同意：
□现予以批准，给予资助资金____万元。
□不予批准

（盖章）

年　月　日</td></tr>
</table>

模板 6-7　“善才种子”项目管理规范化激励计划中期自评报告

“善才种子”项目管理规范化激励计划
中期自评报告

提交单位：____________________

提交日期：____________________

福建省同心慈善基金会

填报说明

一、《中期自评报告》主要考核项目实施情况和执行进度，项目实施单位必须确保该报告真实、准确。

二、请按照内容说明填写，为保证统一规范，请勿对格式进行修改，用仿宋 GB2312 小四字体，行间距为 20 磅。

三、项目中期报告统一报“善才种子”项目团队，电子版发送指定邮箱。联系人及联系电话：××，×××××××××××，电子邮箱：××××××@×××. com。

四、本报告请于20××年××月××日前提交。

一、项目基本情况

项目名称			
执行单位名称			
项目负责人姓名		联系方式	
项目联系人姓名		联系方式	
项目启动时间	（以项目实际启动时间为准）		
项目服务对象类型（请在对应字母上打√）	A. 老年人；B. 儿童（农村留守儿童、困境儿童、事实孤儿等）；C. 残疾人；D. 妇女；E. 其他特殊群体 （以下部分需要在框内打钩时，可以复制使用这个）		
项目内容	提示：该模块可以直接从项目方案书中复制服务计划的部分内容过来		

二、项目实施情况概述

1. 已完成的活动

活动名称	活动时间	直接受益人数	间接受益人数	受益人次

提示：完整如实填写项目自立项以来至中期节点期间所有已完成的活动。

2. 活动计划变化说明

变化事项	具体改动情况说明（改动前和改动后的情况说明）	原因说明	备注（是否有跟"善才种子"项目执行方书面或口头报备）

提示：此项内容根据各家组织实际情况填写，活动计划变动的事项包括项目周期、项目活动时间调整、项目指标数量调整、服务对象等变动情况，事项变动需说明具体原因，如果执行项目没有发生变化则跳过并删除本项。

三、项目管理情况

<table>
<tr><td rowspan="9">项目
基本
情况</td><td colspan="5">1. 本项目执行团队专职人员　　人；兼职人员　　人；
志愿者　　人（其中骨干或活跃志愿者　　人）。</td></tr>
<tr><td>姓名</td><td>职务</td><td>专/兼职</td><td>专业资质</td><td>项目分工</td></tr>
<tr><td>例：张三</td><td>中心主任/
一线社工/
实习生</td><td>兼职/
专职</td><td>助理社工师/
社工本科/
心理咨询师等</td><td>项目管理/
执行</td></tr>
<tr><td></td><td></td><td></td><td></td><td></td></tr>
<tr><td></td><td></td><td></td><td></td><td></td></tr>
<tr><td></td><td></td><td></td><td></td><td></td></tr>
<tr><td colspan="5">提示：需要写出组织现在正负责或协助本项目的人员，与本项目无关人员不需要写出来</td></tr>
<tr><td colspan="5">2. 组织是否制定了成文的项目管理制度？A. 是　B. 否</td></tr>
<tr><td colspan="5">3. 具体包括哪些制度（可多选）：
A. 章程管理制度（档案管理等）
B. 计划管理制度
C. 服务质量管理制度
D. 人力资源管理制度（人员岗位、考勤、薪酬等）
E. 物资管理制度　F. 财务制度　G. 利益相关方沟通制度
H. 风险管理制度　I. 宣传制度　J. 其他：__________</td></tr>
<tr><td>时间管理</td><td colspan="5">本项目是否有设置时间管理或使用时间管理工具？
A. 是（填写甘特图/月计划/周计划）　B. 否</td></tr>
<tr><td>质量管理</td><td colspan="5">本项目是否设置质量管理或使用质量管理工具？
A. 是（填写督导记录表/总结反思表）　B. 否</td></tr>
</table>

续表

财务管理	1. 本项目是否有建立健全的专项财务管理制度？ A. 是，有健全完善的财务管理制度 B. 不够健全，只有几项财务管理制度 C. 没有财务管理制度
	2. 本项目是否有建立健全会计核算制度？ A. 是　　　B. 否
	3. 本项目是否有跟机构实施的其他项目独立开来进行财务清算？ A. 是　　　B. 否
	本项目执行过程中，资金审批程序是怎么样的？
风险管理	本项目是否建立专门的风险管理制度？ A. 是　　B. 否 在项目执行过程中，具体采取了什么风险防范措施？
相关利益方管理	1. 本项目是否建立专门的相关利益方管理制度？ A. 是　B. 否
	2. 平时如何跟相关利益方保持联系与沟通？ A. 微信 B. 电话　C. 实地拜访　D. 月工作汇报 E. 其他形式：__________
	3. 与相关利益方沟通频次是？ A. 按周　　B. 按月　C. 按季度　　D. 不定

四、项目成效

项目完成情况	1. 项目中期预期服务对象探访数量____人，建档的服务对象____人，实际服务对象探访数量为____人；实际探访数量占预期____%，实际建档数量占预期____%。
	2. 项目中期预期开展个案____个，实际开展个案____个；小组服务或工作坊预期____个，实际开展小组服务或工作坊____个；预期开展社区活动____场，实际开展社区活动____场。 提示：如果项目里面没有个案或小组的指标量，可直接填写“无”。
服务对象认同情况	1. 本项目是否设计受益对象需求调查问卷？____（是或否）。已回收受益对象需求调查问卷____份，已回收受益对象确认书____份。
	2. 本项目每次活动是否设计签到表？____（是或否）。 每场活动服务对象的参与率是____%。
	3. 本项目是否设计受益对象满意度调查表？____（是或否）。截至目前，发出受益对象满意度调查表____份，已回收受益对象满意度调查表____份，满意率为____%。
媒体宣传情况	本项目是否获得媒体宣传？（　） A. 是　　B. 否
	具体宣传情况： 获得纸媒报道____次，获得电视台报道____次，在微信公众号（机构内部和外部微信公众号）上宣传____次。

五、资金使用情况

序号	支出明细	预算金额（元）	实际支出金额（元）	备注
1				
2				
3				
4				
差额备注：若使用差距较大，需说明原因！				

六、项目反思

不足	经验或教训

提示：对项目前期的项目管理、项目成效等方面进行一个综合的评价和反思，同时结合前期开展情况，总结对项目后半阶段开展的建议或经验。

七、下一步计划

活动时间	活动名称

模板 6-8　项目管理规范化激励计划协议书

项目管理规范化激励计划协议书

（项目名称）

甲方：

地址：

法定代表：

联系电话：

电子邮件：

乙方：

地址：

法定代表：

联系电话：

电子邮件：

××××年××月制

为保证××××年“善才种子”计划项目管理规范化激励计划的资金使用效率，根据《中华人民共和国合同法》规定，经甲、乙双方协商，就××××年度“善才种子计划”项目管理规范化激励计划的相关事宜，自愿签订如下协议：

一、激励计划基本情况

（一）经评审，贵单位申报的____________项目，入选20××年“善才种子计划”项目管理规范化激励计划，共获得资助金人民币______元整（小写：______元）。

（二）项目内容

本项目具体执行计划请见项目申报表及相关附件。

（三）项目期限

项目管理规范化激励计划期限：20××年××月××日至20××年××月××日。

（四）项目完成目标

二、资金划拨方式

（一）乙方确认如下银行账号为接收账户：

开户名：

开户银行：

开户账号：

乙方应及时办理相关的财务手续，将资金投入项目的实施。

（二）乙方向甲方提供合法合规的收款票据，票据须满足以下要求：

1. 须由乙方开具；

2. 抬头：

备注：

3. 纳税人识别号：

（三）资金划拨

在协议生效之日起十个工作日内，甲方启动拨款流程向乙方拨付首期70%激励资金，收到终期报告后，拨付30%激励资金，资金实际到账时间以基金会的拨款相关规定为准。

三、双方权利

（一）甲方权利义务

甲方应根据经费拨款安排，拨付资金给乙方。

1. 依据《××××年度“善才种子”项目管理规范化激励计划》及本协议内容，甲方委托　　　　　　　　　　　　　　　　　　（以下简称为第三方）对项目进行动态过程管理，采取现场访谈、抽样回访、资料查阅和信息核查等方式对项目执行质量、效果及资金使用情况进行中期和末期评估。

若项目完成质量存在问题或出现其他影响项目完成的情形，甲方或其委托的第三方有权提出整改意见，乙方须根据意见进行整改并承担整改期间费用；乙方在整改期结束后没有达到要求的，或没有完成项目目标，绩效评价不及格，甲方有权解除本协议、终止项目实施，并要求乙方于甲方发出解除协议通知之日起30日内无条件返还激励资金。如乙方逾期未返还，应按照逾期未返还资金的千分之三/日向甲方支付违约金。

2. 甲方或其委托第三方机构有权对项目开展过程中服务对象、合作单位等的意见反馈或投诉进行调查。

3. 甲方委托第三方机构开展有助于提升乙方项目执行能力的培训时，须以通知邮件或电话的方式告知乙方。

4. 乙方在项目实施过程产生的知识成果及知识产权，甲方享有共同所有权及无偿使用权，甲方享有使用项目活动信息的权利。

5. 项目完成且末期绩效评估合格后，若实际开支少于激励资金总额，甲方应及时与乙方协商约定剩余资金使用计划。

（二）乙方权利义务

1. 协议书签订后，在遵守本协议的前提下，乙方获得协议签订的激励资金。

2. 乙方须严格按照项目申报表内容和本协议的条款，细化分工，实行目标责任管理，建立健全工作制度，规范项目服务和资金使用安排。遇到不可抗力必须变更项目计划时，须提前与甲方或其委托的第三方机构提出书面申请。积极配合甲方或其委托第三方实施的日常检查、阶段性评估、绩效跟踪等安排，根据整改意见落实整改工作，及时报告整改情况。

3. 乙方安排在本项目中的工作人员在数量上应与项目计划相符，在资质上应能满足项目开展的要求，并根据要求安排工作人员参加甲方开展的与项目资金相关的培训、督导或会议。乙方须遵守《中华人民共和国劳动法》的相关规定，保障工作人员人身安全。

4. 乙方应严格遵守非营利组织会计制度的规定，对核拨的资金实行专项核算，按照项目方案书的预算支出，与预算不符的，需向甲方作出说明，需甲方同意调整；超出激励资金的部分，由乙方自筹资金解决。乙方须及时通过官网、微信公众号、张贴公示等方式，向社会公开专项资金的使用管理情况，提高透明度，接受社会大众、基金会、第三方等部门及社会监督。

5. 在项目实施过程中，乙方应认真整理保存实施过程的书面材料（具体由第三方评审机构制定），并于验收阶段提交给甲方或其委托的第三方机构。

6. 乙方须维护公益项目形象和声誉，在项目实施过程中，所有与本项目有关的出版物或制作资料、活动宣传等均需要注明“××××年福建省同心慈善基金会‘善才种子’计划项目管理规范化激励计划”字样。

7. 乙方承诺本项目不与境外组织或个人合作及接受境外组织的捐赠、资助。

8. 为保障项目实施成效，强化主体责任，乙方须指定专人负责全程跟进项目实施。姓名：　　　　，职务：　　　　　　　　，手机号码：　　　　，邮箱：　　　　　　　。

9. 乙方遇到不可抗力情况发生重大变故，出现终止营运或注销等情况时，应及时通知甲方并提交书面汇报材料。

四、协议的解除和终止

（一）本专项资金性质为基金会捐赠资金，乙方在协议期间，有任何违反捐赠资金使用和管理规定或本协议条款的，甲方有权解除协议，并要求乙方于甲方发出解除协议通知之日起30日内无条件返还激励资金。如乙方逾期未返还，则甲方有权通过法律途径追偿，由此产生的费用及开支（包括但不限于诉讼费、公证费、律师费、邮寄费、采取补救措施的费用及开支等）均由乙方承担，乙方还应按照逾期未返还资金的千分之三/日向甲方支付违约金。

（二）激励计划期限满，本协议终止，乙方应在协议终止时规定提交有关项目验收相关材料。

（三）乙方出现以下情形之一的，甲方有权单方解除协议：

1. 与批准的项目服务内容、服务区域、预算使用情况严重不符、评估未能通过且经整改后重新检查仍未能通过的；

2. 根据项目执行时间要求，乙方逾期实施但未提前提交书面延期申请或延期时间到期仍没有完成的；

3. 项目时间超过三分之二、服务计划未完成一半且未能明显体现项目预期成效的；

4. 拒不接受甲方对项目工作的指导、监督或评估的。

（四）甲方出现以下情形，乙方有权单方解除协议：

1. 甲方提出与本项目无关且严重与乙方业务宗旨不符的要求；

2. 甲方提出严重超出本项目计划且乙方无法达到的要求。

五、违反协议的责任

若乙方有下列情形之一，经督促不按期纠正或问题严重的，甲方有权视情节轻重对乙方给予警告、撤销激励资格并要求乙方立即返还已拨付资金等措施，如乙方逾期未返还，应按照逾期未返还资金的千分之三/日向甲方支付违约金；必要时甲方有权予以通报，取消乙方今后三年内申报激励计划的资格；乙方若构成违法或犯罪的，依法追究法律责任：

（一）迟交或未交中期报告或末期绩效评价自评报告的；

（二）未经甲方批准，擅自对项目指标进行调整的；

（三）不按规定用途使用激励资金的；

（四）弄虚作假或不配合监督、审计及评估工作的；

（五）未按照项目协议约定组织实施项目，评估验收不合格的；

（六）其他违约违规行为。

六、其他说明

（一）本项目末期评估结果，是“善才种子计划”项目培育成效的重要指标。

（二）本协议附件及补充协议为本协议不可分割的部分，与本协议具有同等效力。

（三）在履行协议过程中如发生争议，尽量协商解决；协商不成的，则双方同意提交厦门仲裁委员会通过仲裁方式解决。

（四）本协议一式叁份，本协议复印件具有同等法律效力。

（五）本协议有效期从签订之日起至服务结束日期止。

甲方：　　　　　　　　　　　　（盖章）

代表（签字）：

电话：

年　　月　　日

乙方：　　　　　　　　　　　　（盖章）

代表（签字）：

电话：

年　　月　　日

第六节 项目品牌化模块运行的工具表单

为支持“善才种子”所培育的县域公益组织发展品牌项目，帮助组织树立品牌化意识、明白品牌的内涵，建立组织的品牌形象，打造项目品牌。项目团队依据中国慈善联合会的《慈善项目品牌建设指南》（T/ZCL 008—2021）向进入培育第二年的组织发布《项目品牌化指引》，并在已实施的项目规范化培育基础上开展品牌化建设集中培训课程。

从项目所培育的县域公益组织中选出符合条件的组织，充分了解组织的现状，协助其制订品牌化建设方案，方案包括目标、对象、方法（课程培训和督导、项目经验总结、梳理项目模式等）、安排、评估等内容。为组织做线上沟通与指导和线下督导，协助入选的县域公益组织找准项目服务对象、梳理项目服务经验、总结提升项目模式，形成品牌项目。

《项目品牌化指引》详见后文。

表 6-21 项目品牌化指引

序号	类别	内容	内容说明	执行阶段
1	基本原则	公益性	项目的选择应基于社会责任，体现非营利性和具有社会效益性等特点，符合本慈善组织章程规定的宗旨和业务范围	项目全过程
		规范性	项目品牌的建设过程中，每个环节、步骤、流程、岗位，应遵循相应的规范	
		有效性	项目品牌建设应达到既定的创建效果或目的	
		可辨识性	项目品牌在所有公益项目中应易于被识别	
		公平性	项目应公平公正对待受助者和捐赠者，注重公平竞争	
		创新性	项目品牌应体现设计的新颖性、实施过程的创意性	
		可持续性	项目品牌应服务社会、提升素质、立足发展	
2	品牌识别	理念识别	1. 应针对项目本身开展研究和调查，明确组织使命、组织价值观、组织精神和组织目标等理念。 2. 组织理念可通过形式多样的方法多角度、多层次、多途径反复传播，方式包括但不限于： （1）标语、口号； （2）广告、广告词； （3）组织歌曲； （4）工作手册	项目全过程

续表

序号	类别	内容	内容说明	执行阶段
2	品牌识别	行为识别	1. 应建立分工明晰的组织架构，明确考核和协调机制。 2. 可通过职前培训、专业培训、业余培训等方式，强化员工的组织理念，提高业务技能水平。 3. 应定期开展媒体传播、组织活动，传播公益项目的组织理念、宗旨，收集评价信息，维护对外关系	项目全过程
		视觉识别	1. 应根据项目自身特点、品牌管理策略等明确项目品牌个性，可通过邀请与品牌定位相契合的形象代言人等方式，塑造合适的品牌形象。 2. 应为项目品牌命以简要名称，品牌名称应既能反映项目的内容、有底蕴，又直观、响亮、易记、便于传播。 3. 可研究、设计、制作项目品牌的形象标志，导入项目的个性化特色、精神、理念等。 4. 项目品牌的视觉识别内容应贯穿于项目运营的全过程，应用场景包括但不限于： （1）公开募捐活动现场、慈善文化宣传现场等； （2）工作证、名片、信封、笔记本等办公用品； （3）标牌、徽章、包装袋、黏胶带等产品包装； （4）宣传册、海报、资料、视听软件等广告传播； （5）提示、指引类标识标牌等建筑环境； （6）工作服、领带、臂章等服装制式； （7）会客洽谈用品、礼品、车辆等接待用品； （8）内部报刊、调查报告、出版物等出版印刷	

续表

序号	类别	内容	内容说明	执行阶段
3	品牌定位	需求分析	通过调研收集社会大众对于公益项目在物质和精神层面上的需求，获取社会大众的潜在需求	项目设计
		差异性分析	1. 通过调研分析同类品牌的品牌定位、竞争地位、优势劣势、发展动向，提炼公益项目的品牌个性，寻求与同类品牌相区别的差异点。 2. 根据项目品牌的差异点，分析自身的优势或拥有的资源、能力。并根据现有资源准备与制订规模合适的品牌定位计划，确保品牌定位目标的实现	
		确定品牌定位	围绕项目的目标，结合实际，对差异性分析所获得的信息进行严格筛选、优化组合以及合理运用，形成公益项目品牌定位	
		品牌定位调整	1. 应时刻对品牌定位情况进行监控，包括但不限于： （1）品牌定位是否能有效地实施并维持； （2）品牌定位所传达的信息是否被社会大众很好地理解与接受； （3）品牌是否在社会大众心中形成一定的形象。 2. 应根据实际情况和社会大众观念、需求变化，适时、适度进行品牌定位的调整与更新	
4	品牌传播	广告传播	1. 应先对有潜力的社会需求进行研究，了解公众的关注点，再运用广告等手段宣传慈善项目品牌。 2. 项目可委托广告经营机构通过传播媒介，以创意为中心，以公益项目品牌名称、品牌标志、品牌定位、品牌个性为主要内容，对公益项目品牌进行宣传	项目全过程

续表

序号	类别	内容	内容说明	执行阶段
4	品牌传播	主流媒体传播	可通过报纸、广播、电视、网络等主流传播媒介，运用融媒体的运营模式，采用新闻报道、新闻发布会等方式，向公众传递有关公益项目各方面信息	项目全过程
		事件传播	1. 项目在真实、不损害公众利益的前提下，可有计划地策划、组织、举办和利用具有新闻价值的活动，通过制造新闻热点，形成一定的影响力。 2. 在事件传播的过程中，公益项目应与媒体、公众等进行良性的互动，避免引起不满与质疑，造成公关危机	
		领导者传播	项目的领导者可通过各种媒体或方式将自己的个人形象传递给公众，在公众心目中确立一个理想的形象，扩大个人品牌的传播，从而引领组织品牌的提升	
		自媒体传播	1. 可利用自媒体平台，组建自己的自媒体运营团队，规划与设计公益项目的自媒体传播方案，进行有序的品牌传播。 2. 开展自媒体传播，应做到信息的同步发布，满足公众对信息的即时需求。 3. 宜鼓励自媒体用户参与互动，增强社会大众的参与感	

续表

序号	类别	内容	内容说明	执行阶段
5	品牌维护	品牌形象维护	应对品牌形象采取一定的保护措施，包含但不限于： （1）对公益项目品牌进行商标注册，对公益项目的知识产权申请专利或版权进行保护； （2）以契约形式对公益项目品牌进行使用授权； （3）在管理架构设计及制度设计方面保护品牌； （4）聘请专职人员或团队审查公益项目的合作合同	项目全过程
		品牌资产保护	1. 应建立、实施品牌资产的管理和保护过程，保证品牌资产的识别、使用、保护和处置处于受控状态，以确保品牌核心价值不受到品牌侵权的损害。 2. 品牌资产保护过程，包括但不限于： （1）对品牌资产保护状态进行调查、评估，并作相应的分析； （2）对侵害品牌资产权益事件予以处理； （3）与有关机构就品牌资产保护事宜进行沟通； （4）制定品牌资产保护的措施	

第七节　区域生态化模块运行的工具表单

项目团队面向所培育第二年的县域公益组织发布《区域生态化建设指引》，指导在地公益组织牵手家乡职业公益人。招募职业公益人，推进家乡公益人与家乡公益组织的链接与互动；牵手乡贤。推动县域公益组织对所在县域进行深度调研，设计关于家乡的相关公益议题与公益项目；实地走访乡贤，与县域商会、企业家召开座谈会，获得其对家乡公益组织与项目的智力支持、心理支持和资金支持等。

导入各家基金会已有项目（如福建省同心慈善基金会大地美容项目、壹基金温暖包等）；介绍其他基金会的项目合作信息、政府部门购买服务信息等；协助县域公益组织链接资源，如："99 公益日"、跨界合作"益企来"、资助型基金会支持。

搭建县域公益组织互动平台，各区域寻找一家负责人比较活跃的组织，推动该组织与其他组织互相建立联系，建构区域性朋友圈，建构组织间的互动学习群体，通过参访游学、朋辈督导等方式，让公益组织之间结成同质性的朋辈互助小组或异质性的区域性联盟，彼此之间相互学习，汇聚集体力量解决面临的共性问题。项目团队链接多方资源，为所培育组织搭建交流社群平台，县域公益组织有相关问题需咨询，可以通过交流社群平台寻找相关资源咨询交流。

《区域生态化建设指引》详见后文。

表 6-22　区域生态化建设指引

序号	类别	内容	内容说明	执行阶段
1	区域公益组织互动平台	确定区域引领组织	在各区域寻找一家负责人比较活跃的“善才种子”县域公益组织，推动该组织与其他公益组织互相建立联系，建构区域性公益组织朋友圈	治理规范化阶段
		开展区域主题工作坊	1. 每年年初面向“善才种子”县域公益组织发布区域性工作坊招募公告。支持区域内活跃的组织，一年举办2场聚焦公益组织团队建设、公益组织与政府、商业及基金会关系等问题的区域性工作坊； 2. 工作坊面向“善才种子”县域公益组织开放，每年的主题根据“善才种子”组织提出的需求确定	
		合作举办各项活动	与当地的社会工作协会或者其他平台型组织合作，开办工作坊或者举办各种活动，鼓励部分组织开办公益组织发展研讨会	
		链接资源解决问题	1. 针对组织治理中尤为突出的问题，链接专业人员深入县域公益组织实地提供一对一指导。 2. 在日常工作中协助县域公益组织开展组织治理，推动县域公益组织的组织治理工作“找准方向，走对路”	项目规范化阶段
		集体互助	1. 推动集体互助以增强组织力量。通过参访游学、朋辈督导等方式，让公益组织之间结成同质性的朋辈互助小组或异质性的区域性联盟，彼此之间相互学习，汇聚集体力量解决面临的共性问题。 2. 发展良好的公益组织可以帮助发展较差的组织，实现后进组织的转化，不同地区、不同类型的公益组织也可以相互影响、互帮互助，最后实现公益组织的集体增能	

续表

序号	类别	内容	内容说明	执行阶段
1	区域公益组织互动平台	实践巩固	鼓励公益组织申请筹办项目团队的培训课程、申请公益创投项目、鼓励积极参加“99 公益日”活动、协助链接项目资源等方式，为其搭建能力锻炼的平台	项目规范化阶段
		公益组织交流社群平台	项目团队将链接多方资源，为“善才种子”县域公益组织搭建交流社群平台，各组织如有相关问题需咨询，可以通过交流社群平台寻找相关资源咨询交流	
2	区域生态圈	牵手乡贤	实地走访乡贤，与县域商会、企业家展开座谈会，获得其对公益组织的智力支持、心理支持和资金支持等	全过程
		信息分享	在交流群中相互分享介绍其他基金会的合作信息、政府部门政策、购买服务信息等	
		交流走访	对企业和各市平台型组织进行走访和支持，学习知识和经验、拓宽业务活动圈子、建立项目策划与相关机制	

第八节　县域公益组织培育完成的标准与认定

“善才种子”项目所培育的县域公益组织经过两年培育支持后，检验培育的成效的策略是开展星级评定工作，其方法是依据《星级评估指标表》(社会团体类、社会服务类)，通过科学的指标化体系打分来评估组织的发展、服务的能力，与培育前的基线测量对照，确认组织培育的结果。

星级评定的对象为已经全部完成培育的“善才种子”项目所支持县域公益组织。项目团队向被评定公益组织发布星级评定通知及《“善才种子”项目支持组织星级评定材料目录》；收集公益组织的星级评估材料，开展评估材料的审阅、被评估机构的实地走访以及星级评定评分和报告；确定最终星级评定结果并公布。

“善才种子”组织星级评定所需材料清单详见后文。

表 6-23　“善才种子”项目支持组织星级评定材料目录

“善才种子”组织星级评定材料目录	
序号	材　料
1	组织基本情况介绍（3000 字左右）
2	组织法人登记证（电子文档），银行开户许可证（电子文档）
3	法定代表人信息（含工作经历），并提供身份证（电子文档）
4	两年年度财务会计报表（原件电子文档）（有年度财务审计报告）
5	办公场所独立有效地使用产权证明
6	组织章程（如有变更，附变更材料）
7	组织按规定办理的各类变更登记材料（名称、业务范围、住所、注册资金、法定代表人、业务主管单位、负责人、办事机构、印章、银行账户）(复印件)
8	各类备案（成立备案、换届备案）材料（负责人、监事、印章、银行账户、章程等）

续表

序号	材　料
9	组织重大事项［组团出国（境）考察；举办境内业务交流、重大活动、重大投资理财，公开募捐项目方案等］报告（备案）材料
10	两年年报报告书；
11	两年全部会议纪要和决议（会员大会、理事会、常务理事会、监事会）；
12	党建情况［党组织建立的文件，党组织制度，党员人数、名单、职务，党组织活动材料、党组织人员参加培训材料，参与党建考核情况、工作计划和总结，党组织换届情况（不到换届年限的无须提供换届材料）］
13	会长（理事长）、副会长（副理事长）、监事长信息（含工作经历）及任职情况（包括产生程序），并提供身份证（复印件电子文档）
14	工作人员花名册
15	两年专职工作人员每年12月份工资表及五险一金缴费凭证（复印件），专职人员劳动合同（劳务合同）
16	人力资源管理制度（薪酬、奖惩、考勤休假、聘用、考核制度等）
17	组织参加社会组织管理培训的材料
18	财务人员（会计、出纳）基本情况（姓名、职务、资格证书、职称及是否为本会专职会计），同时报送证书（复印件）
19	财务人员参加培训次数和内容的证明材料（复印件）
20	各项管理制度（证书管理、印章管理、档案管理、会员管理、会费管理、绩效考评、财务管理、票据管理、资产管理、业务活动、项目管理、信息公开、民主决策等）；（会员管理及会费管理仅限于社团）
21	组织框架、各部门的岗位职责、人事制度、运转情况
22	换届、离任及专项审计报告
23	组织实物资产、捐赠资产、固定资产管理造册
24	组织工作计划、总结，届期内发展规划
25	开展重大活动的详细方案
26	合作交流活动材料（本地区或本领域合作交流、境外或跨区域合作交流）
27	为成员提供培训、咨询、交流等事项服务的材料（此项仅限于社团）
28	每年公益筹款额的证明材料（此项仅限具有公开募捐资格的组织）

续表

序号	材　料
29	每年公益进款额的证明材料（此项仅限不具有公开募捐资格的组织）
30	公益活动受益人数的材料
31	年均项目开展数量的材料
32	项目管理材料（包含项目管理制度；每个项目周详的计划、运作等方案；项目运行中监督反馈相关证明材料；项目完成后有详细的总结和意见反馈）
33	社团会员花名册（统计表）（含通信地址、联系电话、所有制性质）（会员数以评估上一年度材料为准）（此项仅限社团）
34	社团会费设定、缴纳标准、收缴情况以及收费信息公开情况（此项仅限社团）
35	对外投资、理财有关文件材料（如：投资协议、国债、银行理财产品）
36	两年有关组织的各类新闻媒体报道
37	两年各种票据存根（捐赠发票、银钱收据、会费收据、经营发票）（实地查看）
38	两年会计账簿、会计凭证及科目余额表
39	两年组织所获得的各项荣誉
40	星级评定小组要求提供的其他材料

参考文献

[1] 康晓光．NGO 扶贫行为研究［M］．北京：中国经济出版社，2001.

[2] 中共中央关于构建社会主义和谐社会若干重大问题的决定［N］．人民日报，2006-10-19（001）．

[3] 中华人民共和国国民经济和社会发展第十二个五年规划纲要［N］．人民日报，2011-03-17（001）．

[4] 中共中央办公厅　国务院办公厅印发《关于改革社会组织管理制度促进社会组织健康有序发展的意见》［R］．中华人民共和国国务院公报，2016（25）：6-12.

[5]《中华人民共和国慈善法》第八十条。

[6] 中共中央国务院关于实施乡村振兴战略的意见［N］．人民日报，2018-02-05（001）．

[7] 中共中央国务院印发《乡村振兴战略规划（2018—2022 年）》［N］．人民日报，2018-09-27（001）．

[8] 张冉．非营利组织管理［M］．北京：北京大学出版社，2014：24.

[9] 王智慧．非营利组织管理［M］．北京：北京大学出版社，2012：8-11.

[10] 中共中央关于全面深化改革若干重大问题的决定［N］．人民日报，2013-11-16（001）．

[11] 中共中央关于全面推进依法治国若干重大问题的决定［N］．人民日报，2014-10-29（001）．

[12] 中办国办印发《关于改革社会组织管理制度促进社会组织健康

有序发展的意见》[N]．人民日报，2016-08-22（001）．

[13] 中共中央关于坚持和完善中国特色社会主义制度推进国家治理体系和治理能力现代化若干重大问题的决定 [J]．中国民政，2019（21）：6-16.

[14] 中共中央关于制定国民经济和社会发展第十四个五年规划和二〇三五年远景目标的建议 [N]．人民日报，2020-11-04（001）．

[15] 高举中国特色社会主义伟大旗帜 为全面建设社会主义现代化国家而团结奋斗：在中国共产党第二十次全国代表大会上的报告 [N]．人民日报，2022-10-26（001）．

[16] 民政部，国家乡村振兴局．关于动员引导社会组织参与乡村振兴工作的通知 [EB/OL]．（2022-3-01）[2022-12-08]．http：//www.gov.cn/zhengce/zhengceku/2022-03/01/content_ 5676306.htm.

[17] 民政部．民政部关于印发《“十四五”社会组织发展规划》的通知 [EB/OL]．（2021-10-08）[2022-12-09]．http：//www.gov.cn/zhengce/zhengceku/2021-10/08/content_ 5641453.htm.

[18] 民政部．民政部关于大力培育发展社区社会组织的意见 [EB/OL]．（2018-01-15）[2022-12-09]．https：//www.mca.gov.cn/article/gk/wj/201801/20180115007214.shtml.

[19] 中华人民共和国人力资源和社会保障部就业促进司．关于引导和鼓励高校毕业生到城乡社区就业创业的通知 [EB/OL]．（2020-06-22）[2022-12-10]．http：//www.scio.gov.cn/32344/32345/42294/43410/xgzc43416/Document/1684985/1684985.html.

[20] 民政部，国家乡村振兴局．关于动员引导社会组织参与乡村振兴的实施意见 [EB/OL]．（2022-04-06）[2022-12-10]．http：//mzt.fujian.gov.cn/mgj/wjgg/202204/t20220406_ 5875801.html.

[21] 北京七悦社会公益服务中心．县域社会组织筹款模式研究 [R]．北京，2022.

[22] 彼得·德鲁克．非营利组织的管理 [M]．北京：机械工业出版

社，2009.

［23］［美］杰弗里·菲佛，杰勒尔德·R. 萨兰基克．组织的外部控制：对组织资源依赖的分析［M］．闫蕊，译．北京：东方出版社，2006：37.

［24］雷文艳．美国现代非营利性组织孵化器的发展现状及启示：以美国非营利性组织协会（NCN）为例［J］．中国社会组织，2013（11）：52-54.

［25］张宝娟．公益性社会组织培育发展研究：基于江苏省的实证分析［J］．社团管理研究，2012（3）：18-22.

［26］许芸．社会组织培育的历史逻辑和当今实践：基于南京地区的例证［M］．南京：南京大学出版社，2016：12.

［27］邓国胜．慈善组织培育与发展的政策思考［J］．社会科学研究，2006（5）：119-123.

［28］张海．我国社会组织培育模式的历史演变及发展趋势［J］．湖北社会科学，2015（10）：52-60.

［29］蒋红艳．与政府合作培育模式下社会组织的发展［D］．南京师范大学，2014.

［30］许小玲，马贵侠．社会组织培育：动因、困境及前瞻［J］．理论与改革，2013（5）：39-43.

［31］甄骁龙．社会组织培育模式研究：以三个培育机构为例［D］．南京大学，2012.

［32］玉苗．准政社合作：草根公益组织培育方式的新探索：基于西部A省的实践［J］．学会，2013（10）：24-33.

［33］吴津，毛力熊．公益组织培育新机制：公益组织孵化器研究［J］．兰州学刊，2011（6）：46-53.

［34］岳金柱．“公益创投”：社会组织培育发展的创新模式［J］．社团管理研究，2010（4）：12-15.

［35］玉苗．草根公益组织培育实践的分析［J］．社团管理研究，

2012（8）：28-32.

［36］杨丹．浅论处于初创期的草根公益慈善组织的政府扶助方式［J］．今日中国论坛，2013（21）：17-18.

［37］李芳．枢纽型社会组织与民间公益组织的培育［J］．东方论坛，2014（4）：75-82.

［38］高红，朴贞子．三元整合的社会组织能力培育机制构建及其制度支持［J］．学习与实践，2015（6）：97-104.

［39］童敏．社会工作理论：历史环境下社会服务实践者的声音和智慧［M］．北京：社会科学文献出版社，2019：8.

［40］马国泉，张品兴，高聚成．新时期新名词大辞典［M］．北京：中国广播电视出版社，1992.

［41］朱婷婷．组织生命周期综述［J］．人力资源管理，2016（1）：17-18.

［42］王来宾．基于生命周期的 NGO 领导能力培养模式研究［J］．商场现代化，2012（10）：35-36.

［43］强强．生命发展视角看深圳社工组织的发展与管理［C］//中国社会工作协会．第 24 届亚太地区社会工作区域联合会议摘要集．［出版者不详］，2017：2. DOI：10. 26914/c. cnkihy. 2017. 003028.

［44］邓国胜．中国草根 NGO 发展的现状与障碍［J］．社会观察，2010（5）：12-13.

后　记

1999年七位青年人在厦门组成民间志愿服务团队，相约一起做好事，这是同心慈善事业的起点。经过二十余年的发展，同心慈善事业先后注册成立了慈善会、基金会、社工机构、研究院等多种组织形态，能够开展更多、更专业的公益服务。不过，其间也经历了不少艰难困苦。也正因为经历过民间公益组织成长的艰难历程，因此同心的公益人希望可以为福建省内县域公益组织提供支持，让那些奋斗在县域的公益组织可以更好、更少困难地成长。2017年，福建省同心慈善基金会以“善财种子”公益项目创投的方式，开始了对福建省县域公益组织的支持，2018年，迭代升级为“善才种子”县域公益组织成长计划。

七年中，“善才种子”项目方案经过了多次的更新与迭代，由起初的公益项目创投方式发展为公益组织培育方式。项目得到多方认可，2020年获得了中国公益慈善项目大赛金奖。项目模式发展的过程中，最重要的转折点在2018年，那年，来自同心慈善基金会的一个为公益人服务的“公益慈善管理”培训班项目，实施了理论与实践结合的实践课程，该课程以项目设计与执行为载体，训练学员的组织管理技能。“善才种子”项目组吸引了我及洪团冠、林炳彬、林永红、王玮、吴福才、林得华等学员，大家和同心慈善基金会的黄双春、林旭华一起激烈地探讨公益项目设计、努力地把学到的公益组织管理知识与技能运用于项目模式的打磨中。项目组在黄建东老师的引导下，对福建省县域公益组织开展了深度的调研，获得了贴近实际的县域公益组织的培育需求，在此基础上，学员们通过多次讨论，重新设计了“善才种子”项目的策略框架，调整了县域公益组织的培育模式，并以此为蓝本，书写成为小组毕业设计的项目方案。因此，可以说，如果没有2018年的公益慈善管理班的学习及实践，就没有现在的

“善才种子”县域公益组织支持计划的模式。

“善才种子”项目之所以能顺利进行并坚持到现在，是同心慈善基金会坚持理想追求、努力筹资的结果，当然也是各方对同心慈善基金会理念与行动认可的结果。为此，我们要感谢以下支持方：

首先要感谢广东省岭南教育慈善基金会、厦门广济慈善基金会、旭日慈善基金有限公司、广州市慧基金慈善基金会、福建省同心慈善基金会爱林专项基金、陈玫辛先生的爱心支持，因为这份爱心捐赠，让我们可以把“培育县域公益组织成长支持”这件事情认真做好，才能够在福建省内培育到102家“善才种子”县域公益组织。

其次要感谢2017年给予项目支持的厦门广济慈善基金会时任秘书长周德全和从零开始启动该项目的洪燕英、饶冰洁；要感谢参与“善才种子”项目的林旭华、张书华、郭小燕、蒋艳彬、翟秋妍、曾东艺等福建省同心慈善基金会同人；要感谢执行项目的厦门市翔安区同心社会工作服务中心时任主任黄双春、卢紫娟以及福州市海风社工服务中心的孟娟、刘秀娟和项目督导“梁秀计划”广东学员雷杏珊；要感谢福建省善才公益慈善研究院的洪燕英、叶凡、刘彦、黄凌燕、陈铭琪；也要感谢参与该项目执行的福建师范大学社会工作专业2018级研究生王文秀、2019级研究生吴凤霞等同学。是大家认真细致的工作，让项目能够更好地支持县域公益组织的发展。你们努力的所有智慧和实践，构成了本书的知识基础。

当然，还要感谢所有参与本书写作的参与者。本书的撰写人员为，第一章绪论：温谋富、刘彦、叶凡；第二章县域公益组织培育的需求：吴凤霞、温谋富；第三章县域公益组织培育的方案：吴凤霞、温谋富；第四章培育方案的执行过程与结果：温谋富、吴凤霞、潘瑜及北京七悦社会工作评估中心；第五章县域公益组织培育的案例：叶凡、刘彦；第六章县域公益组织培育过程的工具与表单：潘瑜、吴凤霞。福建师范大学2020级社会工作专业硕士研究生黄舒颖、张佳媛、徐丹丹、杨玉娇、李小谊、王靓等同学修改了工具表单及操作手册的部分内容，善才公益慈善研究院的黄凌燕对项目表单进行了修整，叶凡和刘彦负责了书稿的排版与校对。温谋富、潘瑜等对全书做了审核。感谢大家不断地努力工作，让本书能够付梓出版。同时，还要感谢“善才种子”项目的培育对象，他们对本书亦有贡献。

最后要感谢福建省同心慈善基金会法秀广善基金对本书编写的资助与支持，让本书能够顺利完成并出版。

这本书的内容只是我们做的县域公益组织研究的起步。我们的县域公益组织培育行动研究还存在着许多不足与不少问题，研究内容还需要进一步丰富与完善、研究结果还需要进一步摸索与修正。期待未来能够有更多的县域公益组织成长、培育的研究，共同为我国的公益慈善事业发展尽一份力。

温谋富

2023 年 5 月 20 日